Report on China's Electric Power Development
2017

中国电力发展报告

2017

电力规划设计总院　编著

中国电力出版社
CHINA ELECTRIC POWER PRESS

内 容 提 要

本报告全面分析总结了 2017 年全国电力发展的基本情况,以第三方的独特视角研判了未来三年的发展趋势,深入剖析了当前行业热点焦点问题,客观中立、观点突出。全书共分十个部分,分别从发展环境、需求分析、电源发展、电网发展、供需形势、电力技术、电力经济、电力改革、政策解读、热点研究等多个方面,以客观准确的统计数字、形象直观的图形图表,简洁凝练的文字叙述,对电力行业发展进行了全面梳理、分析研判及趋势展望。

本报告可供全国能源及电力领域的政府工作人员、产业规划及政策研究人员、企业技术及管理人员阅读参考。

图书在版编目(CIP)数据

中国电力发展报告 . 2017 /电力规划设计总院编著. —北京:中国电力出版社,2018.6
ISBN 978-7-5198-2146-3

Ⅰ.①中… Ⅱ.①电… Ⅲ.①电力工业－工业发展－研究报告－中国－ 2017 Ⅳ.① F426.61

中国版本图书馆 CIP 数据核字(2018)第 135202 号

出版发行:中国电力出版社
地 址:北京市东城区北京站西街 19 号(邮政编码 100005)
网 址:http://www.cepp.sgcc.com.cn
责任编辑:苗唯时(weishi-miao@sgcc.com.cn)
责任校对:闫秀英
装帧设计:王英磊
责任印制:邹树群

印 刷:北京盛通印刷股份有限公司
版 次:2018 年 6 月第一版
印 次:2018 年 6 月北京第一次印刷
开 本:889 毫米 ×1194 毫米 16 开本
印 张:15
字 数:270 千字
印 数:0001—2100 册
定 价:168.00 元

2017 年，我国国民经济发展延续稳中向好的态势，是全球经济企稳复苏的主要推动力量。党的十九大胜利召开，标志着中国特色社会主义进入新时代，并首次将能源发展纳入生态文明建设总体布局。中央经济工作会议提出了高质量发展的总体要求。

2017 年，我国电力消费持续回暖，电源结构加速优化，市场化改革步入攻坚期。在行业各界的共同努力下，"十三五"规划的各项重点任务逐步落实。《中国电力发展报告 2017》是电力规划设计总院组织编写的年度电力发展报告。《报告》总结分析了 2017 年全国电力行业发展状况，研究了行业发展态势，研判了行业发展趋势，力求系统全面，重点突出，为政府决策、企业和社会发展提供支持与服务。作为我国电力规划设计行业的"国家队"，电规总院技术力量雄厚，拥有资深的行业专业背景，多学科全产业链的综合优势。近年来，在国家发展改革委、国家能源局的领导下，电规总院和有关单位共同完成了全国电力工业发展规划、电力产业政策研究、全国电力市场分析等大量电力发展规划研究工作，为政府决策和企业发展提供了优质服务。

编写中国电力发展报告，是电规总院践行"能源智囊，国家智库"，服务经济社会发展的有益行动。期望电规总院在新时代下进一步发挥自身优势，推出更多更好的新成果，以期打造精品，形成系列，真实记录我国电力工业发展进程，服务政府与企业，与社会各界共享智慧，共赢发展！

中国能源建设集团有限公司董事长、党委书记　汪建平

电力是关系国计民生的重要基础产业。2000 年以来，全国电力工业快速发展，取得了举世瞩目的成就，有力地满足了国民经济发展和人民生活水平提高的需要。

随着国际能源变革步伐加快，我国能源"四个革命、一个合作"进一步推进，电力工业发展的主要目标由长期以来的保障供应为主，转变为构建清洁低碳、安全高效、灵活智能的现代电力工业体系。为此，做好年度电力发展分析研究工作，及时总结电力转型发展中取得的有益经验，厘清存在的突出问题及成因，不断加深对新时代下电力发展新趋势新特征的认识与把握，是推动电力健康可持续发展的重要内容。

2011 年 10 月，国家能源局依托电力规划设计总院成立国家电力规划研究中心。电力规划设计总院以建设"能源智囊、国家智库"为发展愿景，竭诚为政府、行业和社会提供科学求实、客观公正的服务。《中国电力发展报告 2017》（简称《报告》）是电力规划设计总院编写的中国电力发展年度报告，总结概括 2017 年全国电力发展基本情况，分析研判未来三年主要发展趋势，深入剖析当前行业热点焦点问题，力求客观中立、重点突出。

《报告》分十个篇章，从发展环境、需求分析、电源发展、电网发展、供需形势、电力技术、电力经济、电力改革、政策解读、热点研究等多个方面，对 2017 年全国电力发展状况进行全面梳理、综合归纳；分析预测了未来三年电力需求水平，在此基础上提出了各类电源、各级电网发展展望；深入解读了 2017

年重点行业政策及电价政策；在全面总结电力体制改革进展与成效基础上，分析展望了近期改革重点；在总结 2017 年度电源电网造价水平的基础上，对未来三年电力工程造价变化趋势进行了分析判断；以专题文章形式深入剖析了当前电力行业热点焦点问题。在编写方式上，《报告》力求以客观准确的统计数字为支撑，以简练的文字叙述，辅以图形图表，做到图文并茂、直观形象，旨在方便阅读、利于查检、凝聚焦点、突出重点。

《报告》在编写过程中，得到了能源主管部门、相关企业、机构和行业知名专家的大力支持和指导，在此谨致衷心的谢意。因经验有限，《报告》难免有疏漏之处，恳请读者批评指正。

《中国电力发展报告 2017》编写组

2018 年 5 月

目 录

序 ·· I

前 言 ······································· III

发展综述 ··································· 1

一 发展环境 ······················· 9

1 经济发展环境 ················ 10

1.1 国际经济发展环境 ········· 10

1.2 国内经济发展环境 ········· 13

2 能源发展环境 ················ 17

2.1 能源供需形势 ·············· 17

2.2 能源效率与环境 ············ 20

二 需求分析 ······················· 23

1 2017 年概况 ·················· 24

1.1 全国用电量 ················· 24

1.2 分行业用电量 ·············· 25

1.3 分地区用电量 ·············· 30

2 未来三年电力需求预测 ······ 32

2.1 第一产业用电预测 ········· 32

2.2 高载能行业用电预测 ·························· 32

2.3 非高载能第二产业用电预测 ·············· 33

2.4 第三产业用电预测 ·························· 34

2.5 居民生活用电预测 ·························· 35

2.6 全国用电需求预测 ·························· 35

三 电源发展 ································· 39

1 水电 ······································· 40

1.1 2017 年发展概况 ·················· 40

1.2 未来三年发展展望 ·················· 45

2 风电 ······································· 49

2.1 2017 年发展概况 ·················· 49

2.2 未来三年发展展望 ·················· 54

3 太阳能发电 ····························· 55

3.1 2017 年发展概况 ·················· 55

3.2 未来三年发展展望 ·················· 58

4 核电 ······································· 61

4.1 2017 年发展概况 ·················· 61

4.2 未来三年发展展望 ·················· 62

5 气电 ······································· 66

5.1 2017 年发展概况 ·················· 66

5.2 未来三年发展展望 ·················· 67

6 煤电 ······································· 68

6.1 2017 年发展概况 ············ 68

6.2　未来三年煤电发展展望 ·········· 69

7　电源国际合作 ·········· 73

7.1　火电项目 ·········· 73

7.2　水电项目 ·········· 74

7.3　核电项目 ·········· 74

四　电网发展 ·········· 75

1　输电网 ·········· 76

1.1　2017 年发展概况 ·········· 76

1.2　未来三年重点输电通道展望 ·········· 82

2　配电网 ·········· 84

2.1　2017 年发展概况 ·········· 84

2.2　2018 年配电网建设及投资预期 ·········· 84

2.3　农网改造工作概况 ·········· 85

3　智能电网 ·········· 86

3.1　2017 年发展概况 ·········· 86

3.2　智能电网相关示范项目进展 ·········· 88

4　电网国际合作 ·········· 92

4.1　电网项目国际合作 ·········· 92

4.2　我国与其他国家的电力规划合作 ·········· 92

4.3　全国与港澳地区及周边国家电力互联互通 ··· 93

五　供需形势 ·········· 95

1　2017 年电力供需概况 ·········· 96

2　未来三年电力供需形势分析 ·········· 96

2.1 2018 年电力供需形势分析 ················ 96

2.2 2019 年电力供需形势分析 ················ 97

2.3 2020 年电力供需形势分析 ················ 98

（六） 电力技术 ···················· 101

1 电源技术 ······················ 102

1.1 风力发电技术 ···················· 102

1.2 太阳能发电技术 ··················· 103

1.3 核电技术 ······················ 105

1.4 燃煤发电技术 ···················· 109

1.5 燃气轮机发电技术 ·················· 112

1.6 大容量储能技术 ··················· 113

2 电网技术 ······················ 115

2.1 柔性直流电网技术 ·················· 115

2.2 机械式高压直流断路器技术 ·············· 116

2.3 输变电工程三维数字化设计技术 ············ 117

2.4 500 千伏统一潮流控制器（UPFC）技术 ····· 119

2.5 交流海底电缆技术 ·················· 119

2.6 交直流混合配电网技术 ················ 121

2.7 配网柔性直流互联技术 ················ 123

3 源 - 网 - 荷互动技术 ················ 125

3.1 多能互补集成优化技术 ················ 125

3.2 "互联网 +" 智慧能源技术 ············· 126

七 电力经济 ·· 129

1 电源工程造价及分析 ····················· 130

1.1 2017 年度电源工程参考造价 ················· 130

1.2 未来三年概算造价水平预测 ················· 130

2 电网工程造价及分析 ····················· 134

2.1 2017 年度电网工程参考造价 ················· 134

2.2 未来三年造价水平预测 ····················· 135

八 电力改革 ·· 137

1 改革进展 ······································ 138

1.1 输配电价改革进展与成效 ··················· 138

1.2 电力市场建设进展与成效 ··················· 140

1.3 配售电改革进展与成效 ····················· 144

2 重点领域改革展望 ························· 151

2.1 输配电价改革展望 ··························· 151

2.2 电力市场建设展望 ··························· 151

2.3 配售电改革展望 ····························· 152

九 政策解读 ·· 153

1 《北方地区冬季清洁取暖规划
（2017-2021 年）》解读 ················· 154

1.1 政策背景 ····································· 154

1.2 政策思路 ····································· 154

1.3 政策要点 ····································· 154

2 《解决弃水弃风弃光问题实施方案》解读 ······ 157

  2.1 政策背景 ······ 157

  2.2 政策思路 ······ 157

  2.3 政策要点 ······ 158

3 《开展分布式发电市场化交易试点》解读 ····· 162

  3.1 政策背景 ······ 162

  3.2 政策思路 ······ 162

  3.3 政策要点 ······ 163

4 《关于有序放开发用电计划的通知》解读 ····· 165

  4.1 政策背景 ······ 165

  4.2 政策思路 ······ 165

  4.3 政策要点 ······ 165

5 《关于促进储能技术和产业发展指导意见》

   解读 ······ 169

  5.1 政策背景 ······ 169

  5.2 政策思路 ······ 169

  5.3 政策要点 ······ 170

6 **电价政策** ······ 173

  6.1 电价政策体系 ······ 173

  6.2 计划电量政策 ······ 173

  6.3 市场交易电量政策 ······ 177

➕ 热点研究 ······ 185

  ◎我国电力现货市场建设的思考 ······ 186

◎增量配电业务改革的进展回顾与建议 ··········· 190

◎构建全国新能源消纳监测预警体系,

　　助力新能源持续健康发展 ··················· 194

◎大型水电市场化消纳机制

　　——用电权交易市场研究 ··················· 198

◎推动传统工业城市绿色发展,

　　推广可再生能源就地利用 ················· 202

◎太阳能热发电电价分析及预测 ··········· 206

◎电力现货市场环境下全国输配电

　　定价机制初探 ··························· 210

◎碳交易对中国火电发展的影响分析 ··········· 213

◎智能变电站总体框架和发展趋势 ············· 217

发展综述

发展综述

一、高质量发展对电力工业转型升级提出了新要求

2017年，我国国民经济发展延续稳中向好的态势，同比增速达 6.9%，对世界经济增长的贡献率保持在三分之一左右，是全球经济企稳复苏的主要推动力量。10月，党的十九大胜利召开，确立了习近平新时代中国特色社会主义思想，描绘了我国未来发展蓝图，标志着中国特色社会主义进入了新时代，并首次将能源发展纳入生态文明建设总体布局。12月，中央经济工作会议召开，提出我国经济发展的基本特征已由高速增长阶段转向高质量发展阶段，推动高质量发展是保持经济持续健康发展的必然要求，是适应我国社会主要矛盾变化和全面建成小康社会、全面建设社会主义现代化国家的必然要求，是遵循经济规律发展的必然要求。

在新的历史方位下，我国能源和电力工业正在不断发生深刻变革，高质量发展对电力工业转型升级提出了新的更高要求。

在绿色清洁方面，应加速结构调整，全面推进化石能源的清洁利用，加快壮大清洁能源产业。

在智能高效方面，应以电力领域技术创新为引领，全面实现电力系统智能化，显著提升系统调节能力和灵活性，不断提高电力发展质量和效益。

在市场改革方面，应进一步加大改革力度，不断破解改革进程中的关键问题，还原电力商品属性，充分发挥市场对资源配置的决定性作用。

在服务经济方面，应继续夯实电力供应基础，提高供电安全性、可靠性和应急保障能力，降低用电成本，优化营商环境，发挥电力在经济发展中的基础支撑作用。

在服务民生方面，应持续加大城乡电力基础设施改造升级力度，全面推动电能替代，提高终端用能的电气化水平，充分发挥电力在清洁取暖和精准扶贫中的作用。

在服务国家战略方面，应主动作为，积极参与，抓住相关国际合作、京津冀协同发展、西部大开发、区域协调发展等战略实施的重大机遇，推动重大项目建设、技术装备走出去、电力服务升级等全面落地。

二、"十三五"规划逐步落实，电力发展出现新趋势新特征

2017年，我国电力消费持续回暖，电源结构加速优化，电力市场化改革步入攻坚期。在电力行业的共同努力下，"十三五"规划的各项重点任务逐步落实。

（一）绿色清洁方面

1. 全国电源装机任务完成过半，非化石电源装机比重接近规划目标。 2017年，全国电源总装机 17.8 亿千瓦，完成规划目标的 53.2%；非化石电源装机比重达到 38.6%，接近 39% 的规划目标。非化石电源中，风电装机比重较 2016 年提高 0.3 个百分点，太阳能发电提高 2.7 个百分点，水电下降 0.9 个百分点，核电与生物质与 2016 年持平。

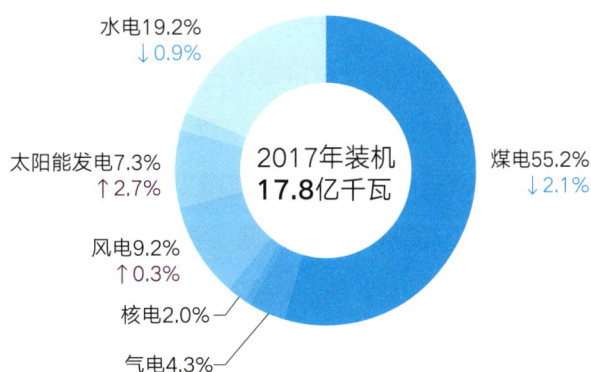

水电19.2%
↓0.9%

太阳能发电7.3%
↑2.7%

风电9.2%
↑0.3%

核电2.0%

气电4.3%

2017年装机
17.8亿千瓦

煤电55.2%
↓2.1%

2017年全国电源结构及同比变化

数据来源：《电力工业统计资料汇编》（2017统计快报）

2. 非化石能源消费比重目标完成过半，但增速明显放缓。 2017年，全国能源消费总量增长进一步加快，增速达 2.9%；非化石能源消费比重达到 13.8%，完成规划目标的 60%。在 2016 年提高 1.4 个百分点的基础上，2017 年非化石能源消费比重仅提高 0.3 个百分点，增速明显放缓。

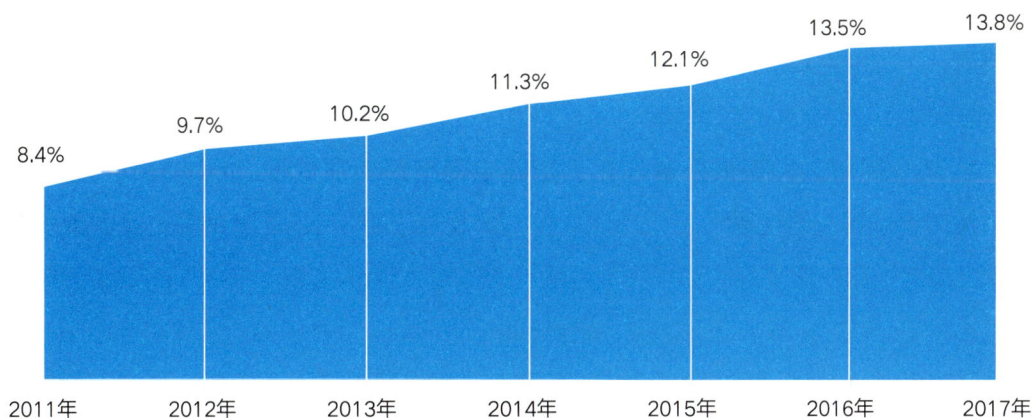

8.4%　9.7%　10.2%　11.3%　12.1%　13.5%　13.8%

2011年　2012年　2013年　2014年　2015年　2016年　2017年

我国非化石能源消费比重

数据来源：国家统计局

3. 风电布局持续优化调整，解决风电消纳问题初见成效。 截至 2017 年底，全国风电装机 1.64 亿千瓦，完成规划目标的 41.4%；"三北"地区风电装机比重 74.4%，在 2016 年下降 2.3 个百分点的基础上，进一步下降 2.8 个百分点。2017 年，全国弃风电量和弃风率实现"双降"，其中弃风电量同比下降 79 亿千瓦时，弃风率同比下降 5.2 个百分点。

4. 光伏发电装机增长超出预期，财政补贴压力进一步加大。 2017 年，全国光伏发电装机达 1.3 亿千瓦，超出规划目标 30%。光伏发电工程造价在 2016 年下降 9% 的基础上，进一步下降 26%。光伏领跑基地中标电价最低已达 0.31 元 / 千瓦时。

5. 光热发电示范项目进展缓慢，规划目标实现难度大。 截至 2017 年底，全国光热发电装机 2.83 万千瓦，不足规划目标的 1%。

6. 四川、云南两省弃水有所减少，但水电消纳问题未根本解决。 2017 年，四川、云南两省弃水电量同比分别下降 1.4% 和 7.9%，虽有所缓解，但仍分别高达 139 亿千瓦时和 290 亿千瓦时，水电消纳问题尚未根本解决。

7. 核电建设周期延长，装机增速明显放缓。 2017 年，全国核电装机仅投产 2 台共 218 万千瓦，投产规模明显减小。到 2017 年底，全国核电装机累计 3582 万千瓦，完成规划目标的 28.5%。

8. 煤电清洁化转型成效显著，新增规模严控力度持续加大。 2017 年，全国煤电新增投产装机仅 3404 万千瓦，连续两年下降。截至 2017 年底，全国煤电装机 9.8 亿千瓦；累计完成煤电超低排放改造约 5.8 亿千瓦，提前完成 4.2 亿千瓦的总量目标。

（二）智能高效方面

1. 电力资源配置能力进一步增强，部分通道电源电网建设不同步。 2017 年，我国西电东送电力流规模约 2.25 亿千瓦，完成规划目标的 70%。全年建成投运 10 条大型输电通道，大气污染防治行动计划输电通道基本得到落实，但部分输电通道存在配套电源滞后问题。

2. 部分区域主网架进一步优化，全国电网格局尚在论证。 华北电网"两横两纵"1000 千伏网架已经建成投产，但蒙西与华北主网异步工程推进缓慢，蒙西电网内部动态稳定问题未根本解决。华中电网渝鄂背靠背工程进展顺利，华中东四省电网加强工程尚在论证中。华东电网"球拍"形 1000 千伏网架已经建成投产。西北电网 750 千伏主网架进一步加强。南方电网已实现云南与主网的异步联网，广东电网目标网架结构尚在论证中。

3. 电力系统调节能力亟待提升，煤电灵活性改造目标实现难度大。 2017 年，我国抽水蓄能装机规模达 2869 万千瓦，完成规划目标的 33.4%；气电装机规模 7629 万千瓦，完成规划目标 23.4%，但是其中多数为热电联产机组。截至 2017 年底，已完成灵活性改造煤电规模约 1000 万千瓦，实现 2.2 亿千瓦改造目标难度大。

4．电力装备技术创新带动系统效率持续提升。 2017 年，全国电网综合线损率约 6.4%，较 2016 年下降 0.07 个百分点，符合规划目标要求；火电供电标准煤耗率达到 309 克 / 千瓦时，"十三五"前两年累计下降 6 克 / 千瓦时；新增风电机组仍以 2 兆瓦风机为主，3~4 兆瓦机组已成熟并应用于海上风电；光伏领跑基地中，组件效率为 17.0%~18.9%，电池效率为 19.0%~21.5%；首台联合循环净效率高于 62% 的 H 级燃气轮机项目开工建设；以提高能源综合利用效率为目标的一批多能互补项目相继建成投运。

5．智能电网建设全面推进。 江苏、浙江等组织开展了第三代智能变电站的方案研究工作，并开展了第一批就地化保护变电站试点。南方 5 省（区）编制完成了智能变电站主要二次设备的技术规范，并发布了 35~500 千伏变电站标准设计 V2.1 版。内蒙古地区也已启动智能变电站的建设工作。

（三）市场改革方面

1．电力市场化改革取得重大阶段性成果。 输配电价核定工作持续推进，至 2017 年底，省级电网输配电价核定实现除西藏外全覆盖。售电公司数量持续增长，2017 年全国完成电力交易中心注册并公示售电公司数量约 3500 家，代理用户参与市场化交易电量超过 2000 亿千瓦时。中长期电力市场化交易规模持续扩大，2017 年交易电量占全社会用电量 26%。增量配电改革稳步推进，三批试点项目合计 292 个。

2．市场化改革进入攻坚期，若干问题有待进一步破解。 电力市场管理委员会作用尚未充分发挥，电价交叉补贴问题仍需进一步理顺；跨省区交易机制仍存弊端，制约了交易规模的进一步发展；部分地区交易监管机制仍不健全，存在违规交易现象；增量配电网缺乏统一技术标准，与当地电网规划缺乏统筹协调。

（四）服务经济方面

2017 年，中国在全球 190 个经济体"营商环境"指标排名中位列 78 位，综合营商环境指数 65.29。其中，电力服务水平指数是营商环境中的一项关键指标，2017 年中国排名 98 位，电力服务水平指数 68.83。

1．电力供应保障整体充足，个别地区供需趋紧。 2017 年全国电力供需维持总体宽松态势，但河北南网、江苏等个别地区供需趋紧。

2．供电可靠性稳步提升。 2017 年，全国电网城市供电可靠率 99.948%，同比提高

0.007%；农村供电可靠率 99.784%，同比提高 0.026‰。

3. 大工业用电价格有所下降。2017年，各省相继出台调整销售电价水平，其中 28 个省(区) 1~10千伏大工业电价均出现不同程度下降，农业生产用电价格总体下降，一般工商业用电价格维持 2016年水平。

（五）服务民生方面

1. 清洁取暖及电能替代取得积极成效。2017年，《北方地区冬季清洁取暖规划（2017~2021年）》发布实施，京津冀及周边"2+26"城市完成"煤改电"127万户。全年全国累计完成电能替代电量近 1300亿千瓦时，完成规划目标约 1/3。

2. 新一轮农网改造加快推进。"十三五"前两年，国家及电网企业农网改造累计投入资金 2053亿元。其中，小城镇中心村农网改造升级涉及 30个省(区、市) 的 2389个县，完成规划目标 98.9%；农村机井通电涉及全国 17个省(区、市) 和新疆生产建设兵团的 1061个县，完成规划目标 95.2%；贫困村通动力电全面推进，涉及 23个省(区、市) 的 839个县。

3. 光伏扶贫力度不断加大。"十三五"前两年，全国共25个省(区、市) 的 940个县开展了光伏扶贫项目建设，建成总规模 1011万千瓦，帮扶约 3万个贫困村的 165万户贫困户。

（六）服务国家战略方面

1. 电力国际合作一批大型项目逐步落地。

2. 配合京津冀协同发展战略实施，相关专项规划相继启动。2017年，先后启动了河北张家口及北京延庆地区冬奥会供电保障电网规划，以及河北雄安新区电网规划。

三、未来三年我国电力发展展望

（一）2020年全国用电量预计 7.4万亿千瓦时

"十三五"前两年，全国用电企稳回暖，2017年全社会用电量突破 6.3万亿千瓦时。分省来看，江苏、浙江、广东等东部发达省区产业结构率先调整到位，拉动本省用电平稳增长；新疆、甘肃、青海、云南、陕西、贵州、江西、内蒙古等西部省(区)高载能行业用电明显回升，其中云南、甘肃、青海 3省 2017年用电增速由负增长恢复正增长，增幅超过 10个百分点。综合各方面因素，预计 2020年全社会用电量有望达到 7.4万亿千瓦时。

（二）预计多个省区电力供需逐渐趋紧，个别地区电力供应紧张

未来三年，河北、江苏、浙江等 10 余个省（区）的电力供需逐渐趋紧，河北南网、江苏、浙江、江西、海南等地区负荷高峰时段电力供应紧张。

（三）15%非化石能源消费比重目标实现难度较大

我国非化石能源消费比重已由 2015 年的 12.1%增长至 2017 年的 13.8%。未来三年，全国能源消费总量预计仍将保持增长态势。在非化石能源中，核电建设周期延长，投产规模预计无法达到规划预期，将影响非化石能源消费比重 0.2 个百分点左右。综合判断，2020 年 15%的非化石能源消费比重目标实现难度较大。

（四）2020 年弃风率有望控制在 10%以内，风电具备平价上网条件

2017 年，全国平均弃风率约 12.3%，较 2016 下降 5.2 个百分点。未来三年，将加快建立新能源消纳监测预警机制，科学预判各地消纳能力，引导风电合理开发与布局。积极推进可再生能源就地综合应用示范区建设，开展新技术试点，创新发展模式与政策机制，实现风电就近消纳。逐步推广平价上网的风电基地开发外送模式，通过集中规模化开发降低建设运营成本，加强先进技术应用，参与电力市场交易，不断降低国家财政补贴强度，带动风电行业可持续发展。

（五）光伏发电需要合理把握开发节奏，优化调整规划目标

未来三年，建议结合财政补贴承受能力，加大光伏电站标杆电价调整力度。同时，加强宏观调控，控制光伏电站开发强度，新增规模向光伏扶贫等方面倾斜。

（六）创新市场化手段是解决水电消纳问题的重要途径

未来三年，应继续积极推动水电外送通道规划建设，确保水电开发与外送通道建设的统筹协调。同时，创新市场化交易手段，探索建立大型水电用电权交易市场，破解水电跨省区交易难题，促进水电在更大范围内消纳。

（七）提升系统调节能力仍是电力发展的重要任务

未来三年，建议进一步扩大煤电灵活性改造规模，抓紧总结煤电灵活性改造试点经验，加快推进调峰辅助服务市场机制建设。同时，在具备条件的地区尽快推动一批调峰气电建设，并结合系统调峰需求进一步优化新开工抽水蓄能电站的布局和建设时序。

（八）电网转型升级步伐将进一步加快

随着我国能源发展向清洁低碳转型，能源开发从大规模远距离集中送出的单一化模式转向集中与分散并重的开发模式，电网既要继续承载大规模远距离输送任务，更要适应能源分散式开发利用的需要，加强电网绿色平台作用。随着主干电网规模不断扩大，结构日益坚强，配电网相对薄弱日益凸显，电网发展的重点需要转向配电网，用智能化的手段进一步加强配电网建设。随着电力市场化改革的不断深入，需要电网更加开放、智能，能够适应并支撑灵活多变的系统运行方式。电网安全是国家总体安全的一部分，电网作为重要的能源基础设施，应进一步优化电网结构，提升电网整体安全水平。

（九）西电东送战略进入发展新阶段

目前，国家正在协调推进新一批输电通道论证。在现有电力流向的基础上，为进一步促进水电消纳和优化华北地区能源消费结构，未来部分西南水电可能送电华北。北方西电东送通道新能源外送比例将逐步增加，煤电将更多承担通道的基础保障作用。为保证西电东送可持续性，需考虑传统送端省份的接续送电问题。同时，柔性直流技术和多端直流技术已进入工程应用阶段。柔性直流技术适用于送端大规模新能源的灵活外送，可提高受端电网安全可靠性。多端直流技术可以灵活适用我国多送端、多受端的西电东送格局。这两项技术在未来西电东送中有重要应用前景，可有力促进西电东送的技术升级。

一

发展环境

1 经济发展环境

1.1 国际经济发展环境

2017年，世界经济增长步伐加快，复苏稳健，是近年来表现最好的一年。实体经济出现好转，为世界经济增长打下坚实基础。世界贸易持续活跃，国际货币、资本市场略有动荡，金融市场总体稳定。全球经济特点总体表现为：

全球经济企稳复苏

全球经济总量
↑ **3%**

受实体经济好转、国际金融市场总体稳定、全球约75%的国家经济实现正增长等因素影响，全球经济增速达到3%，较2016年提高0.6个百分点，为2011年以来最快增长。

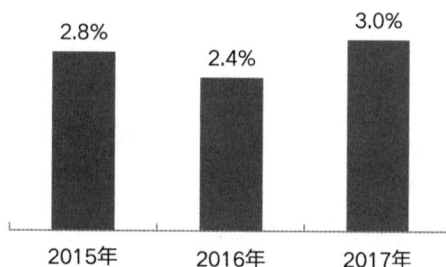

2015~2017年世界经济增速

数据来源：世界银行《全球经济展望》2018年1月

发达经济体恢复增长，新兴经济体保持较快增速

美国（经济增速2.3%）、欧盟（经济增速2.4%）等发达经济体增长势头向好，土耳其（经济增速6.7%）、中国（经济增速6.9%）、印度（经济增速6.7%）等新兴经济体和发展中国家保持快速增长，拉动全球经济强劲复苏。

全球对外直接投资显著增长

2017年全球对外直接投资流入额增长5%，扭转了2016年的负增长局面，提高6.6个百分点。发展中经济体外商直接投资保持稳定，亚洲重新成为全球吸引外资最多地区。

全球对外直接投资流入额
↑ **5%**

2017年，主要国家调控政策灵活，国际金融市场基本稳定，为世界经济复苏提供了良好的经济环境。

国际金融市场摆脱动荡局面

保护主义和逆全球化风潮对世界经济增长造成的威胁仍在持续，全球债务水平过高，各方仍在努力推进全球宏观经济政策协调。

2017年，世界各主要经济体经济运行情况如下：

全球化进程依然
面临挑战

美国

随着美联储开启加速加息进程和缩表操作，美国经济的内生增长依然强劲，消费引擎保持稳健，经济复苏迹象显现，2017年经济增长约2.3%，较2016年提高0.8个百分点。

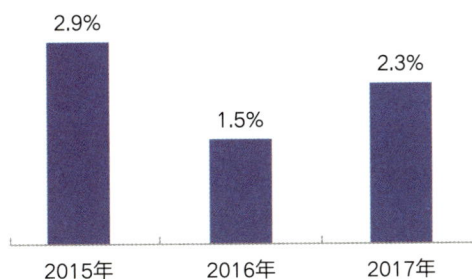

美国经济总量
↑ **2.3%**

2.9%

1.5%

2.3%

2015年　　2016年　　2017年

2015~2017年美国经济增速

数据来源：世界银行《全球经济展望》2018年1月

欧盟

欧盟经济在2016年正逐渐摆脱由德国"单级主导"的局面，各经济体增长形势出现好转，推动了欧盟"多元化"增长与持续复苏，2017年经济增长2.4%，较2016年提高0.6个百分点。英国实现预定计划，和欧盟达成第一阶段谈判协议。

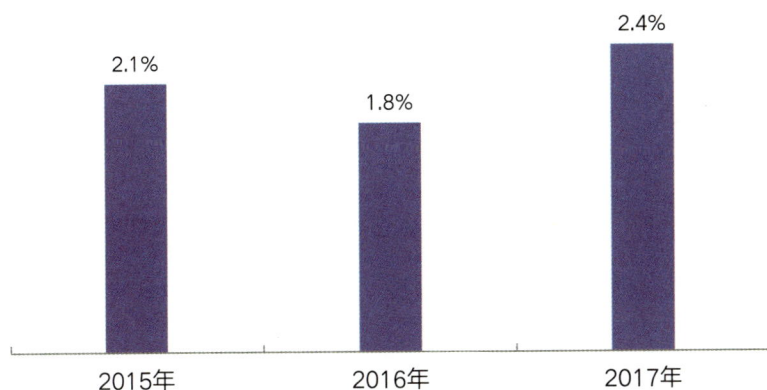

欧盟经济总量
↑ **2.4%**

2.1%

1.8%

2.4%

2015年　　　　2016年　　　　2017年

2015~2017年欧盟经济增速

数据来源：世界银行《全球经济展望》2018年1月

日本经济总量
↑ **1.7**%

日本

受益于世界经济下行压力减弱，外需形势趋于好转，国内失业率持续下降等因素，日本经济维持缓慢复苏态势，但人口老龄化问题仍然日趋严峻，2017年经济增长1.7%，较2016年提高0.8个百分点。

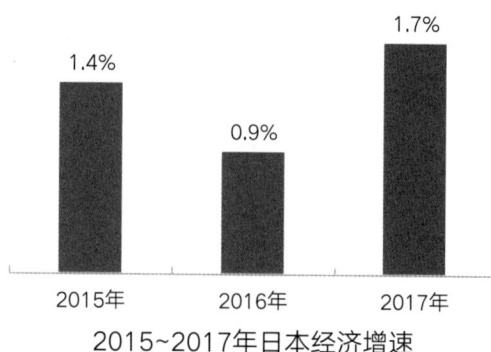

2015~2017年日本经济增速

数据来源：世界银行《全球经济展望》2018年1月

印度经济总量
↑ **6.7**%

南非经济总量
↑ **0.8**%

巴西经济总量
↑ **1.0**%

俄罗斯经济总量
↑ **1.7**%

中国经济总量
↑ **6.9**%

金砖国家

金砖国家中，印度(经济增速6.7%)受废钞令和商品与服务税改革影响，加之征地问题、劳工问题、行政许可问题等无突破性进展，使印度经济转型乏力，增速出现下滑，较2016年下降0.4个百分点；南非(经济增速0.8%)在政局动荡、金融市场信心匮乏的影响下，经济增速继续低于1%，但较2016年提高0.5个百分点；巴西(经济增速1.0%)和俄罗斯(经济增速1.7%)继续在衰退中挣扎前行，总体有所改善，较2016年分别提高4.5和1.9个百分点；中国经济(经济增速6.9%)保持较快速增长，较2016年提高0.2个百分点，对世界经济增长继续保持约1/3的贡献率，是世界经济增长的主要拉动力量。

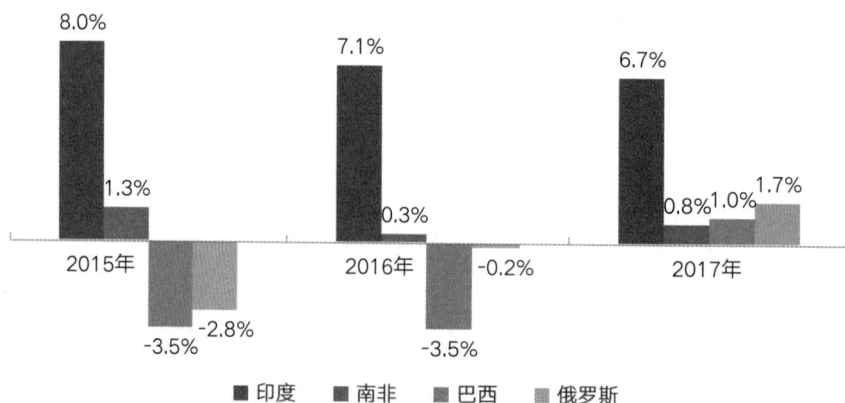

■ 印度　■ 南非　■ 巴西　■ 俄罗斯

2015~2017年金砖国家经济增速

数据来源：世界银行《全球经济展望》2018年1月

1.2 国内经济发展环境

2017年，全国坚持稳中求进工作总基调，深入推进"三去一降一补"，着力振兴实体经济，大力促进房地产市场平稳健康发展，不断深化供给侧结构性改革。主要工作及成果包括：

扎实有效去产能

继续推动钢铁、煤炭行业化解过剩产能。抓住处置"僵尸企业"这个"牛鼻子"，创造条件推动企业兼并重组，妥善处置企业债务，做好人员安置工作，同时防止已经化解的过剩产能死灰复燃。2017年政府工作报告提出的钢铁去产能5000万吨左右、煤炭去产能1.5亿吨以上、煤电去产能5000万千瓦的任务已经完成。

钢铁去产能
5000 万吨

煤炭去产能
1.5 亿吨

因城施策去库存

坚持分类调控，重点解决三四线城市房地产库存过多问题。把去库存和促进人口城镇化结合起来，提高三四线城市和特大城市间基础设施的互联互通。2017年末全国商品房待售面积比2016年末减少了1.1亿平方米，比2015年末减少了1.3亿平方米。粮食去库存也取得了明显进展。

全国商品房待售面积
↓ **1.1** 亿平方米

积极稳妥去杠杆

在控制总杠杆率的前提卜，把降低企业杠杆率作为重中之重。降低企业杠杆率，规范政府举债行为。2017年规模以上工业企业资产负债率同比下降了0.6个百分点。

规模以上工业企业
资产负债率同比
↓ **0.6** 个百分点

多措并举降成本

在减税、降费、降低要素成本上加大工作力度。降低各类交易成本特别是制度性交易成本，降低企业用能成本，提高劳动力市场灵活性，推动企业眼睛向内降本增效。2017年各种减税降费达1万亿元左右，与2016年持平；规模以上工业企业每百元主营业务成本同比下降0.25元，降至84.92元。

各种减税降费
1 万亿元

精准加力补短板

农业投资、水利管理业投资
↑ **16.4**%

从严重制约经济社会发展的重要领域和关键环节、从人民群众迫切需要解决的突出问题着手，既补硬短板也补软短板，既补发展短板也补制度短板。2017年，农业投资、水利管理业投资均达到16.4%的增速，生态保护和环境治理业投资增长达到23.9%。

生态保护和环境治理业投资
↑ **23.9**%

2017年，全国经济结构不断优化，新兴动能加快成长，质量效益明显提高。稳中向好态势持续发展。总体表现为：

国内生产总值（GDP）达到827122亿元(现价)，同比增长6.9%；经济增速超过8%的10个省份中有9个省份属于中西部地区，其中贵州和西藏GDP增速超10%，连续五年保持两位数增长；天津、甘肃、内蒙古GDP增速距离预期仍有差距；重庆GDP赶超天津。

> **经济总量稳居世界第二**

国内生产总值
82.7 万亿元

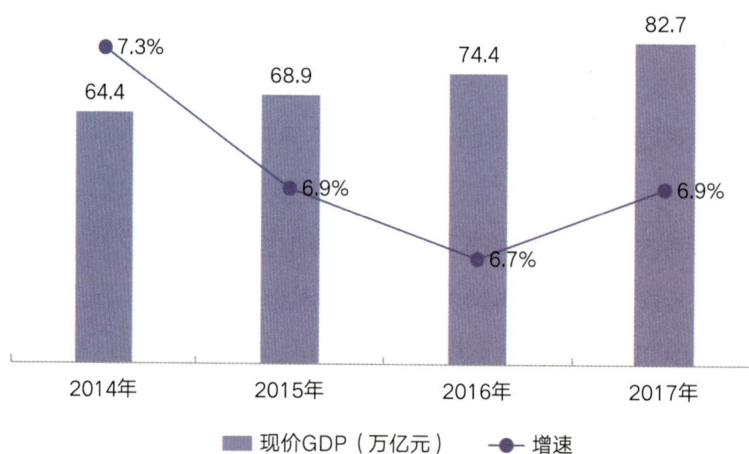

2014~2017年中国经济增长情况

数据来源：国家统计局

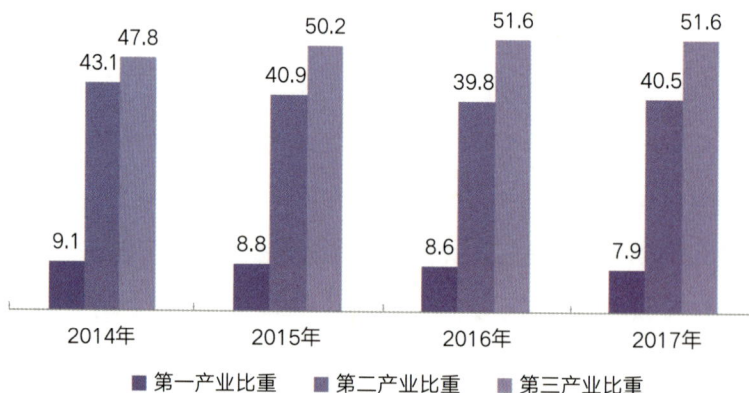

2014~2017年中国三次产业结构（%）

数据来源：国家统计局

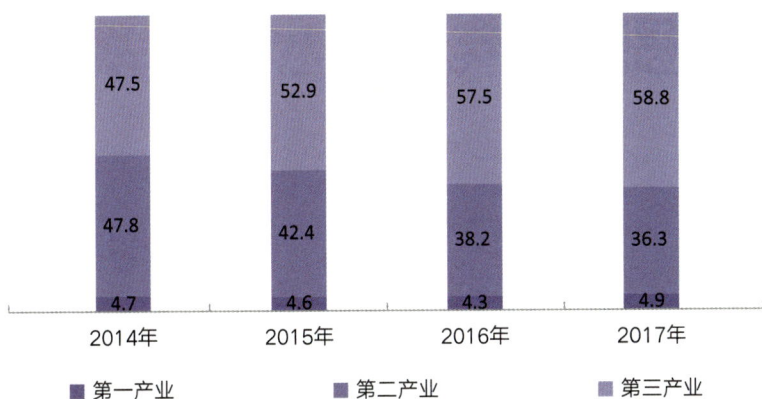

2014~2017年中国三次产业贡献率（%）

数据来源：国家统计局

新旧动能转换逐步加快

战略性新兴产业、高技术产业和装备制造业增加值增长高于

10%

全国产业结构为 7.9：40.5：51.6，第二产业比重较 2016年提高 0.7个百分点，对经济增长的贡献率为 36.3%，战略性新兴产业、高技术产业、装备制造业增加值增长均在 10%以上。第三产业比重与 2016年持平，对经济增长的贡献率由 2016年的 57.5%提高到 58.8%。

2017年，全国常住人口城镇化率为 58.5%，比 2016年末提高 1.2个百分点。

第三产业对经济增长的贡献率不断提高

第三产业对经济增长的贡献率

58.8%

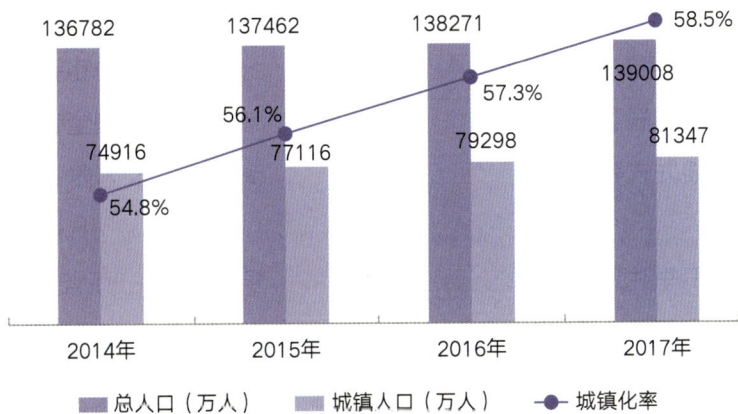

2014~2017年中国人口增长及城镇化率

数据来源：国家统计局

城镇化率稳步提升

城镇化率

58.5%

2017年，最终消费支出对全国经济增长的贡献率为 58.8%，较 2016年下降 7.7个百分点，但仍是拉动经济增长的主要动力；资本形成总额对经济增长的贡献率为 32.1%，较 2016年下降 11.0个百分点，货物和服务净出口对经济增长的贡献率为 9.1%，较 2016年提高 18.7个百分点。

固定资产投资结构不断优化

全社会固定资产投资
↑ **7.2**%

2017年，全国全社会固定资产投资（不含农户）631684亿元，同比增长7.2%。民间投资回暖向好，政策效果显现，增速达到6%。制造业投资增速企稳回升，增速达4.8%。

对外投资显著下降

对外直接投资额
↓ **29.4**%

2017年，全国共对全球174个国家和地区的6236家境外企业新增非金融类直接投资，累计实现投资1200.8亿美元，同比下降29.4%。与"一带一路"沿线国家及地区投资合作稳步推进，合计143.6亿美元，同比增加3.5个百分点。

2 能源发展环境

2.1 能源供需形势

2017年，全国一次能源消费总量达 44.9亿吨标准煤，同比增长 2.9%左右，增速较 2016年提高 1.5个百分点。

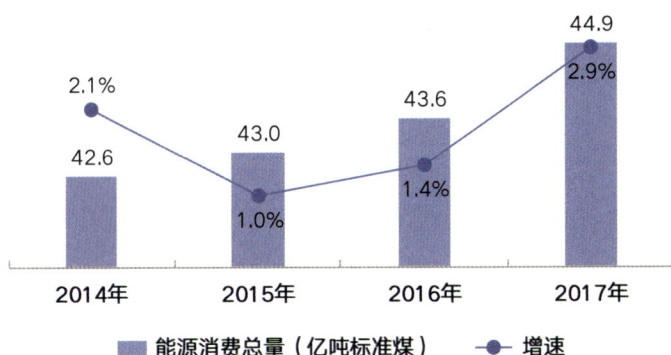

2014~2017年能源消费总量及同比增速

数据来源：国家统计局

2017年，全国一次能源生产总量达 35.9亿吨标准煤，同比增长 3.6%。其中，原煤产量恢复性增长，原油产量降幅收窄，天然气产量增长较快，发电量平稳增长。

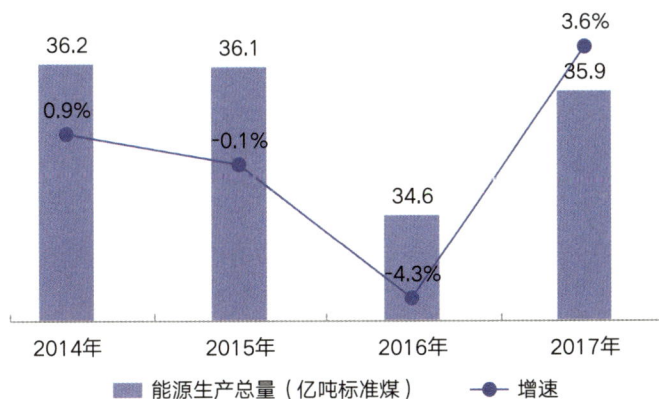

2014~2017年能源生产总量及同比增速

数据来源：国家统计局

能源消费结构继续优化

煤炭占一次能源消费比重
↓ **1.6%**

石油、天然气占一次能源消费比重
↑ **1.3%**

非化石能源占一次能源消费比重
↑ **0.3%**

从能源生产结构来看，煤炭约占 70%，与 2016年基本持平；石油占 7.5%，较 2016年下降 0.7个百分点；天然气占 5.3%，较 2016年提高 0.1个百分点；非化石能源占比 17.5%，比 2016年提高 0.7个百分点。

2017年，全国能源消费结构继续优化。煤炭消费量占一次能源消费总量的 60.4%，比 2016年下降约 1.6个百分点。天然气、非化石能源等清洁能源消费占一次能源消费总量的比重达 20.8%，其中天然气占 7.0%，非化石能源消费占 13.8%。

分品种来看，煤炭消费约 38.7亿吨，同比增长 0.4%，自 2013年以来首次出现增长；石油消费 5.9亿吨，同比增长 5.0%；天然气消费 2386亿立方米，同比增长 14.8%，增速较 2016年提高 7.2个百分点；非化石能源消费快速增长，达到 6.2亿吨标准煤，同比增长 7.0%。

2017年，水电占非化石能源消费的 59%，较 2016年下降 3个百分点，仍是非化石能源消费的主体。核电和其他可再生能源（包括风电、太阳能、生物质和地热等）比重不断提高，其中核电占 12%，风电占 15%，太阳能占 5%，其他可再生能源占 9%。

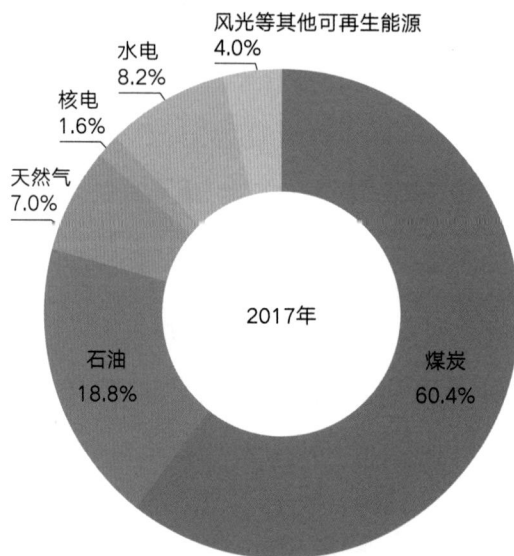

水电 8.2%

风光等其他可再生能源 4.0%

核电 1.6%

天然气 7.0%

2017年

石油 18.8%

煤炭 60.4%

2017年全国能源消费结构

资料来源：根据国家统计局相关资料整理

全国电力占终端能源消费比重的提高速度明显高于其他国家，工业化、城镇化进程加速推进，带动电力消费增长总体高于能源消费增长幅度。2017年，电能占全国终端能源消费的占比约24.9%，比2016年提高约1个百分点。

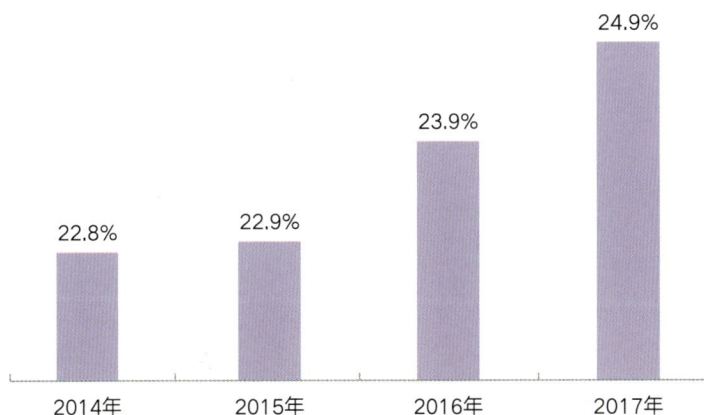

电能占全国终端能源消费比重

资料来源：根据国家统计局相关资料整理

2017年我国能源净进口量达到9.0亿吨标准煤，对外依存度提高到20.0%。其中原油对外依存度69%、天然气39%、煤炭7%。2017年全国已经超过美国成为第一大原油进口国，超过韩国成为第二大液化天然气进口国。

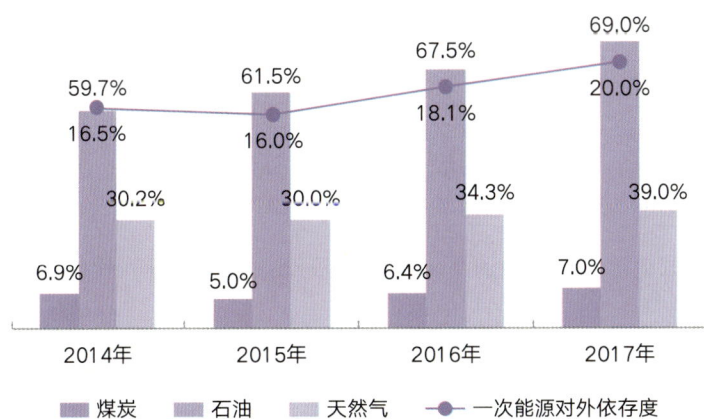

全国能源对外依存度

资料来源：根据国家统计局及海关总署相关资料整理

电力占终端能源消费的比重不断提高

电能占终端能源消费比重
24.9%

比2016年提高
1个百分点

能源对外依存度持续提高

能源对外依存度
20%

石油对外依存度
69%

天然气对外依存度
39%

煤炭对外依存度
7%

2.2 能源效率与环境

能源消费强度持续下降

单位 GDP 能源消费
↓ **3.7%**

随着能源消费革命不断深化，节能降耗取得新成效，经济活动能耗强度持续下降。2017年，全国单位 GDP能耗下降约 3.7%。单位 GDP电力消费同比下降 0.3%。39项重点耗能工业企业单位产品生产综合能耗指标中超过 8成较 2016年实现下降。其中，合成氨生产单耗下降 1.5%，吨钢综合能耗下降 0.9%，粗铜生产单耗下降 4.9%。

全国单位GDP能源消费（吨标准煤/万元）（2017年可比价格）

资料来源：国家统计局

全国单位GDP电力消费（千瓦时/万元）（2017年可比价格）

资料来源：国家统计局

二氧化碳排放有所回升

单位 GDP 二氧化碳排放
↓ **4.6%**

2017年，化石能源消费增速回升，与能源消费相关的二氧化碳排放比 2016年提高约 0.7%。单位 GDP二氧化碳排放较 2005年下降 44%，较 2016年下降 4.6%。全年风电、光伏发电量比上年增长 1145亿千瓦时，替代燃煤发电实现二氧化碳减排增加约 9000万吨。

全国各类化石能源产生的二氧化碳排放量及总排放量（亿吨）

资料来源：根据国家统计局及国家发展和改革委员会和BP相关资料整理

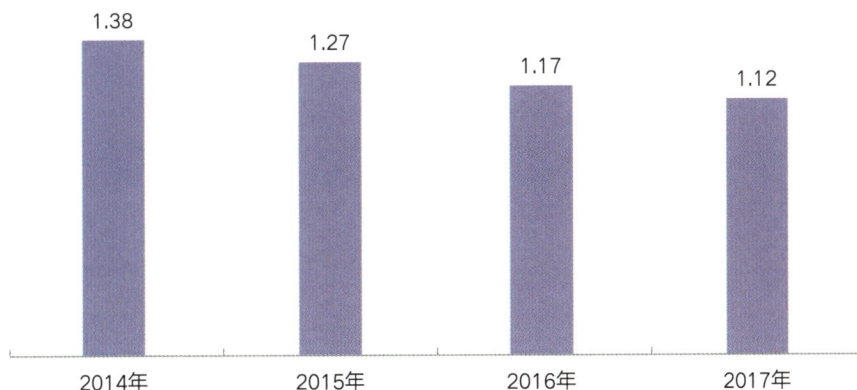

全国单位GDP二氧化碳排放（吨/万元）（2017年可比价格）

资料来源：根据国家统计局及国家发展和改革委员会和BP相关资料整理

散煤消费大幅减少。2017年，全国加大了散煤治理力度，散煤消费比2016年下降约13%。京津冀及周边地区煤炭消费总量下降，北京市煤炭消费比2016年减少约260万吨、天津市减少约260万吨、河北省减少600万吨以上，山东省减少约2700万吨。

空气质量显著改善。2017年，京津冀地区PM2.5年均浓度为64微克/立方米，较2013年下降39.6%，北京市PM2.5年均浓度为58微克/立方米，较2013年下降35.6%，完成国务院《大气污染防治行动计划》目标。

油品质量升级进程提速。2017年初全国范围按期供应国5标准车用汽、柴油，京津冀及周边地区提前供应国6标准车用汽、柴油。据计划，2019年将在全国范围内执行国6车用汽油A阶段标准和国6柴油标准，至2023年将执行国6车用汽油B阶段标准。

能源行业污染物排放管理力度加强

散煤消费比2016年
↓ **13%**

0.33281746

0.45672069

0.306378238

0.019607843

0.6

0.11   761

0.294   799

0.06529

0.7074404

0.42676070

0.33140638

二

需求分析

1 2017年概况

1.1 全国用电量

2017年，受经济稳中向好、工业企稳复苏生产加快、夏季气温偏高等因素影响，全社会用电量达63077亿千瓦时，同比增长6.6%，增速较2016年提高1.7个百分点。分地区来看，西部资源富集省份高载能行业用电明显回升，东部经济发达省份保持平稳增长，是拉动全国用电较快增长的重要因素。

2017年，第一产业用电1155亿千瓦时，同比增长7.3%；第二产业用电44413亿千瓦时，同比增长5.6%，增速较2016年提高2.7个百分点，对全社会用电增长的贡献率达60.0%；第三产业用电8814亿千瓦时，同比增长10.7%，增速较2016年下降0.5个百分点，对全社会用电增长的贡献率达21.8%；居民生活用电8695亿千瓦时，同比增长7.8%，增速较2016年下降3个百分点，对全社会用电增长的贡献率为16.1%。用电结构为1.8：70.4：14.0：13.8，第三产业和居民生活用电比重分别较2016年提高0.5和0.2个百分点，第二产业用电比重较2016年下降0.7个百分点。其中，高载能行业用电比重较2016年下降0.8个百分点。

2014~2017年全社会用电量

数据来源：《电力工业统计资料汇编》（2017统计快报）

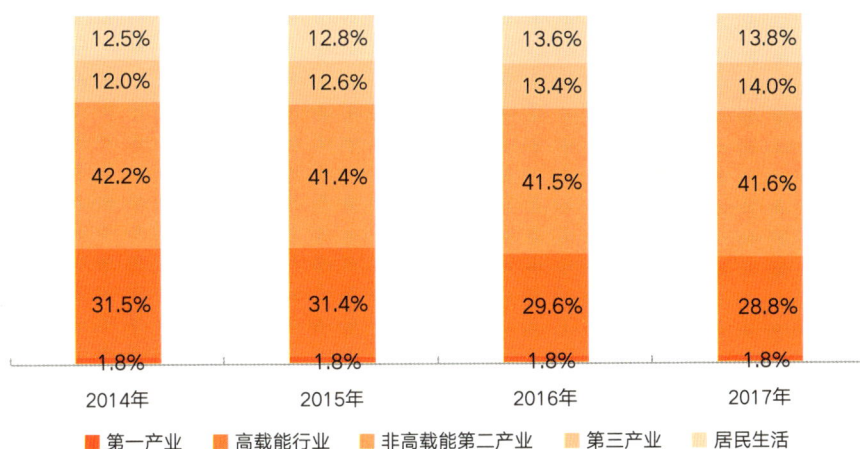

2014~2017年全社会用电结构

数据来源：《电力工业统计资料汇编》（2017统计快报）

第二产业用电有所回暖是全社会用电量中速增长的重要因素

第二产业用电对全社会用电增长的贡献率
60.0%

第三产业用电对全社会用电增长的贡献率
21.8%

居民用电对全社会用电增长的贡献率
16.1%

1.2 分行业用电量

2017年，第二产业用电有所回暖，第三产业与居民生活用电保持平稳较快增长；除 1、2 月份受 2016 年基数影响，增速较 2016 年波动较大外，其余各月均在年均增速附近波动，保持相对平稳增长。一、二、三、四季度全社会用电量同比增速分别为 6.9%、5.8%、7.8% 和 6.4%。

2017年全社会逐月用电增速

数据来源：《电力工业统计资料汇编》（2017统计快报）

1 第一产业用电

第一产业用电
↑ **7.3**%

2017年，在全国新一轮农村电网改造升级的启动实施下，小城镇中心村农网改造升级、农村机井通电和贫困村通动力电等新一轮农村电网改造升级任务基本完成。受此带动，第一产业用电较2016年保持较快增长，一、二、三、四季度第一产业用电量同比增速分别为10.1%、5.3%、8.5%和5.7%；全年用电同比增长7.3%，增速较2016年提高2个百分点，对全社会用电增长的贡献率为2.0%。

16.4%

11.7%

11.1%

9.8%

8.1%

6.7%

5.4%

4.4%

3.0% 3.6% 2.8%

-1.1%

1月 2月 3月 4月 5月 6月 7月 8月 9月 10月 11月 12月

2017年第一产业逐月用电增速

数据来源：《电力工业统计资料汇编》（2017统计快报）

2 高载能行业用电

E 高载能行业对全社会用电增长贡献率大幅提升

高载能行业用电对全社会用电增长的贡献率较上年提升
↑ **18.3** 个百分点

2017年，高载能行业用电总体回暖，全年用电同比增长4.0%，较2016年度提高4个百分点，对全社会用电增长的贡献率达18.1%，较2016年度回升18.3个百分点。受2016年基数影响，1、2月份用电增速较2016年波动较大，3月份开始用电增速逐步放缓至中低速水平。一、二、三、四季度高载能行业用电同比增速分别为9.4%、3.6%、2.4%和1.6%。

19.5%

5.5%

5.2% 5.8%

4.3% 4.6%

1.1%

1.8% 0.9% 1.2%

2.6%

0.9%

1月 2月 3月 4月 5月 6月 7月 8月 9月 10月 11月 12月

2017年高载能行业逐月用电增速

数据来源：《电力工业统计资料汇编》（2017统计快报）

钢铁行业用电

一季度，钢材价格延续了2016年下半年的攀升走势，企业生产积极性较高，加之2016年同期基数较低，行业用电增速大幅反弹。二季度，受地条钢、中频炉等落后产能加速退出市场的影响，行业用电增速大幅下滑。下半年，随着去产能逐步到位，伴随钢价震荡上行，企业生产积极性再次提高，用电增速逐步恢复，但受四季度采暖季限产政策影响，行业用电增长乏力。一、二、三、四季度钢铁行业用电同比增速分别为12.8%、−5.6%、−0.8%、0.7%；全年用电同比增长1.3%，增速较2016年回升5个百分点。

钢铁行业用电

↑ **1.3%**

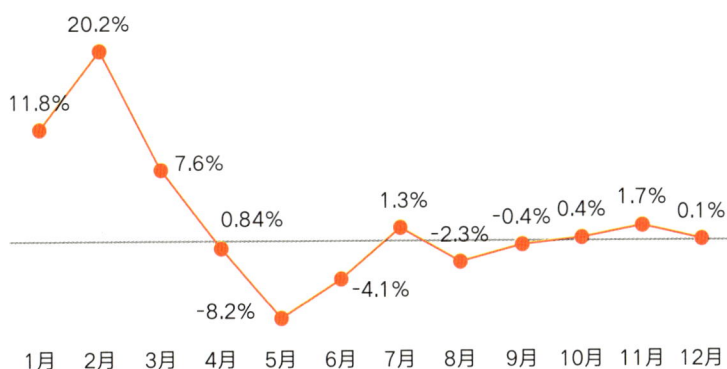

2017年钢铁行业逐月用电增速

数据来源：《电力工业统计资料汇编》《2017统计快报》

有色行业用电

上半年，铝价迅猛上涨并居高不下，在高利润刺激下，电解铝产量激增。受此影响，有色行业用电保持两位数增长。下半年，伴随电解铝行业进入违规产能的实质性关停阶段，有色行业用电出现大幅下滑，三季度后期开始出现负增长。一、二、三、四季度有色行业用电同比增速分别为16.0%、12.1%、2.1%和−2.8%；全年用电同比增长6.4%，增速较2016年回升5.3个百分点。

价格刺激铝产量激增，上半年有色行业用电增速

↑ **13.9%**

违规产能陆续关停，下半年有色行业用电增速

↓ **0.4%**

2017年有色行业逐月用电增速

数据来源：《电力工业统计资料汇编》《2017统计快报》

建材行业用电

建材行业用电
↑ 3.7%

一季度，受 2016 年同期较低基数影响，建材行业用电呈现大幅反弹。自三季度开始，经去产能、去库存等措施调整，行业用电增速逐步放缓并趋于平稳。后期受采暖季限产影响，行业用电保持低速增长。一、二、三、四季度建材行业用电同比增速分别为 4.1%、3.2%、4.0% 和 3.5%；全年用电同比增长 3.7%，增速较 2016 年回升 1.0 个百分点。

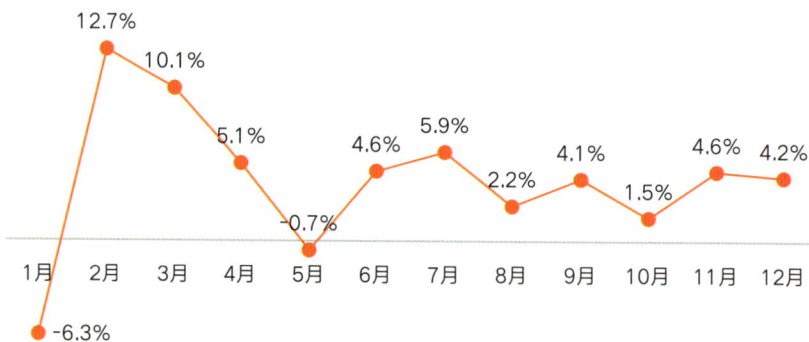

2017年建材行业逐月用电增速

数据来源：《电力工业统计资料汇编》（2017统计快报）

化工行业用电

化工行业用电
↑ 4.6%

一季度，化工行业各类产品呈现分化发展态势，用电增长低迷，二季度开始，黄磷、电石等产品价格上涨带动生产，同时下游需求逐步趋旺，行业用电增速逐步回暖，后期受采暖限产等因素影响，用电增速有所放缓。一、二、三、四季度第化工行业用电同比增速分别为 1.8%、4.7%、5.0% 和 6.7%；全年用电同比增长 4.6%，增速较 2016 年回升 3.6 个百分点。

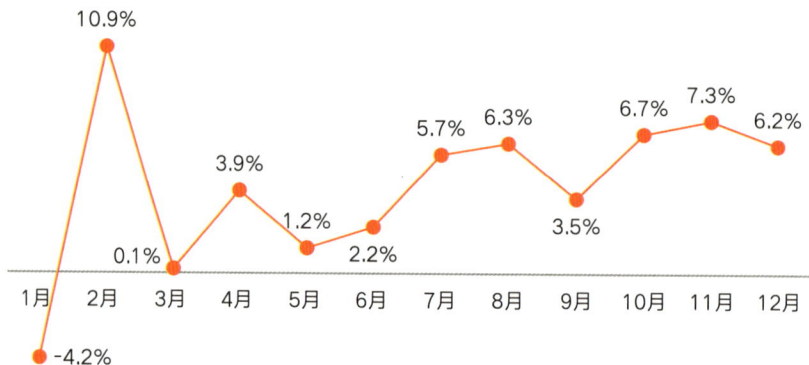

2017年化工行业逐月用电增速

数据来源：《电力工业统计资料汇编》（2017统计快报）

3 非高载能第二产业用电

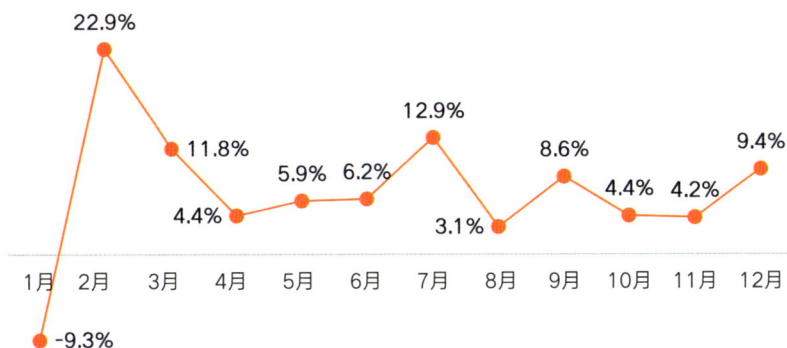

2017年，装备制造业和高技术产业稳步快速发展，增加值保持两位数增长，在此带动下，非高载能第二产业用电各季度保持平稳较快增长。一、二、三、四季度非高载能第二产业用电同比增速分别为6.3%、5.7%、8.3%和6.1%；全年用电同比增长6.6%，增速较2016年提高1.5个百分点，对全社会用电增长的贡献率达41.9%。

非高载能第二产业用电

↑ **6.6%**

2017年非高载能第二产业逐月用电增速

数据来源：《电力工业统计资料汇编》（2017统计快报）

4 第三产业用电

2017年，全国产业结构不断调整升级，工业和服务业共同拉动经济增长，在交通运输、信息传输和计算机服务等行业快速增长的带动下，第三产业用电从2月份开始一直保持8%以上的中高速增长。一、二、三、四季度第三产业用电同比增速分别为7.8%、11.0%、12.5%和11.1%；全年用电同比增长10.7%，增速较2016年下降0.5个百分点，对全社会用电增长的贡献率达21.8%。

第三产业用电

↑ **10.7%**

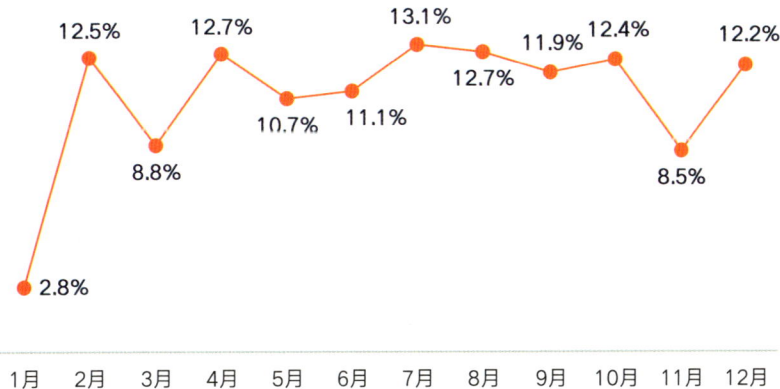

2017年第三产业逐月用电增速

数据来源：《电力工业统计资料汇编》（2017统计快报）

5 居民生活用电

居民生活用电
↑ 7.8%

2017年，全国平均气温较常年显著偏高，创 1951 以来第三高值，同时，新型城镇化继续加快推进。受此影响，居民生活用电总体保持中高速增长。一、二、三、四季度居民用电同比增速分别为 2.8%、6.6%、12.4% 和 8.6%；全年用电同比增长 7.8%，增速较 2016年下降 3 个百分点，对全社会用电增长的贡献率为 16.1%。

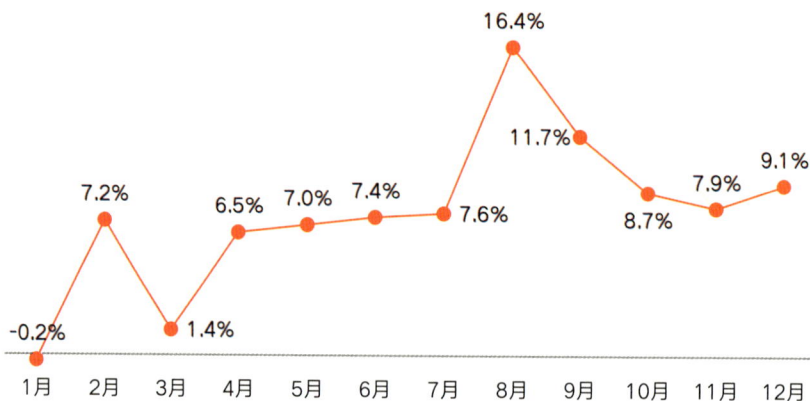

2017年居民生活逐月用电增速

数据来源：《电力工业统计资料汇编》（2017统计快报）

1.3 分地区用电量

2017年，广东、江苏、山东、浙江、河北 5省全社会用电量继续分列全国前五位，5省用电量合计 24831亿千瓦时，占全国的 39.4%，较 2016年下降 0.6个百分点。

2017年全国分地区用电量（亿千瓦时）

数据来源：《电力工业统计资料汇编》（2017统计快报）

2017年，江苏、浙江、广东等东部发达省区产业结构率先调整到位，拉动本省用电平稳增长；新疆、甘肃、青海、云南、陕西、贵州、江西、内蒙古等省（区）高载能行业用电明显回升；云南、甘肃、青海3省用电增速由负增长恢复正增长，用电增速的增幅超过10个百分点。

甘肃、云南、青海三省电力需求增速由负转正

2017年全国分地区用电量增速（%）

■ 2017年　　■ 2016年

数据来源：《电力工业统计资料汇编》〔2017统计快报〕

2017年，西北、南方、华东地区用电量增速分别为10.0%、7.3%和6.7%，高于全国平均增速，对全社会用电增长的贡献率合计为57.8%。

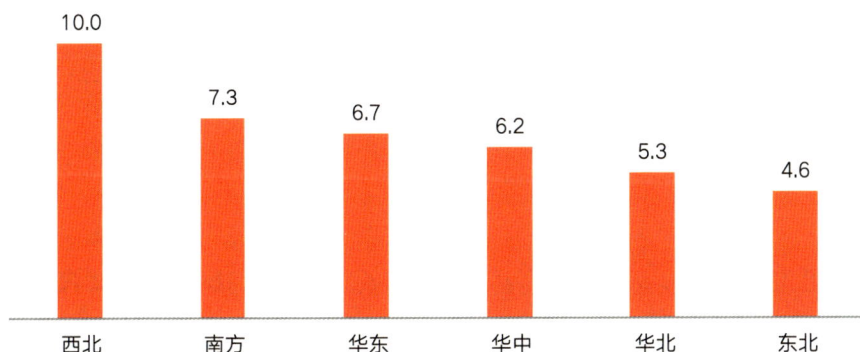

2017年全国分区域用电量增速（%）

数据来源：《电力工业统计资料汇编》〔2017统计快报〕

2 未来三年电力需求预测

2.1 第一产业用电预测

随着新一轮农网改造三大任务的基本完成，农村供电可靠性将不断提高，农、林、牧、渔及其服务业用电将得到进一步保障，第一产业用电量将继续保持稳步增长。

2.2 高载能行业用电预测

1 钢铁行业

清理"地条钢"、环保限产使得钢铁行业在 2017 年的去产能力度不断加大，去产能的效益将在 2018 年逐步得到体现，高质量产能也会得到释放，"地条钢"的取缔对于电炉使用的推动效果将在 2018 年有所体现，基建投资对国内钢材的需求将继续为钢铁行业托底。预计 2018 年，钢铁行业用电增速将有所回升。后续的 2019 年和 2020 年，钢铁产量和用电将继续回归市场需求，钢铁行业用电增速在 2018 年基础上逐年下降。

2 有色行业

有色行业中，电解铝行业的清理整顿成效在 2017 年下半年逐步体现，但库存尚未出现明显下降趋势。伴随 2018 年依然坚定的供给侧结构性改革和严格的环保限产政策，预计这一拐点将在上半年出现，新产能将会得到逐步释放，电解铝企业也将企稳向好。受电解铝行业影响，预计 2018 年有色行业用电量的增速将在 2017 年基础上有所降低。随着对有色行业增量的控制以及存量的优化，结合下游产业链对有色金属的需求变化，预计 2019 年和 2020 年有色金属消费量和产量增长幅度将逐步下降，有色行业用电增速在 2018 年基础上逐年下降。

3 建材行业

2017 年在供给侧结构性改革和采暖季环保限产的影响下，建材行业总体表现平稳。2018 年，供给侧结构性改革将继续推进，环保限产政策也依然较为严格，同时考虑国家对房价采取差异化调控政策的逐步到位，预计 2018 年建材行业用电增速有望稳步增长，随着产量和用电逐步回归市场需求，预计 2019 年和 2020 年建材行业用电增速将逐步趋缓。

4 化工行业

2017 年化工行业整体延续了 2016 年下半年以来的复苏势头。结合行业产能发展来看，除肥料制造行业延续不景气态势外，2018年化工行业整体仍处于复苏之中，用电保持中速增长。考虑资源条件和社会需求等因素影响，2019年、2020年用电增速将有所放缓，但仍保持增长态势。

在钢铁和有色行业供给侧结构性改革继续深入推进的基础上，伴随着依然严格的环保限产政策，2018年高载能行业将在高质量产能释放和执行严格限产政策的夹持下前行，2019年、2020年用电将逐步回归市场需求。2018年为 2.1%~3.9%，2019年为 1.5%~3.1%，2020年为 1.1%~2.1%。

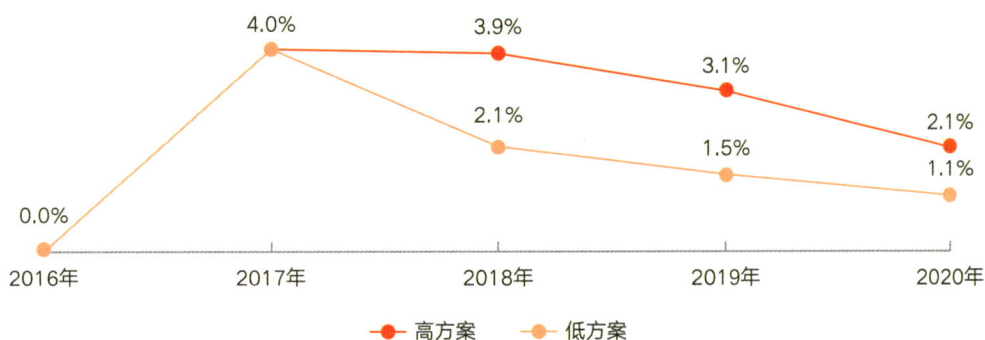

未来三年高载能行业用电增速预测

2.3　非高载能第二产业用电预测

近年来，以高加工度制造业、高科技含量制造业等高端制造业为代表的第二产业保持较快增长，新旧动能加速转换。受经济继续企稳向好的影响，同时伴随混合所有制改革推进带动国有企业竞争力提升，高技术行业和高端制造业将继续快速发展。综合考虑固定资产投资和科技创新的共同影响，未来三年非高载能第二产业用电将维持中速增长。受技术进步及市场需求的影响，未来用电量增速将逐步下降。

预计非高载能第二产业用电增速 2018年为 4.4%~6.5%，2019年为 3.4%~4.9%，2020年为 2.5%~3.9%。

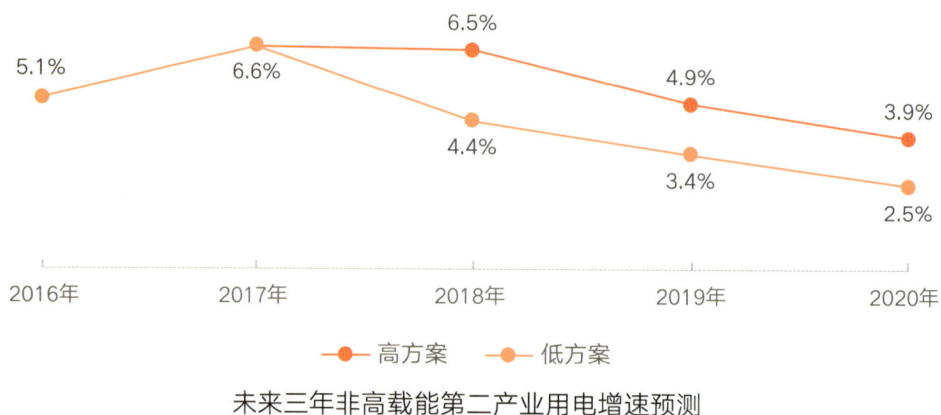

未来三年非高载能第二产业用电增速预测

2.4 第三产业用电预测

2017年，全国经济结构发生了重大变革，从产业结构看，全国从过去的主要依靠工业拉动转为工业、服务业共同拉动，从需求结构看，已经从主要依靠投资拉动转为投资和消费共同拉动。同时，伴随着新业态、新商业模式的快速崛起，以及工业向服务业的逐步渗透，预计未来三年第三产业整体用电将继续维持较高增速。

预计第三产业用电增速 2018年为 7.3%~10.4%，2019年为 6.2%~9.0%，2020年为 5.7%~8.6%。

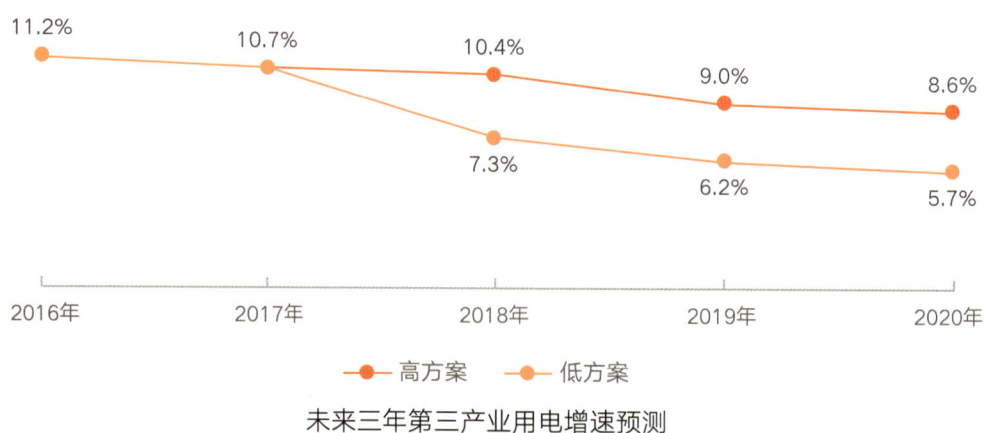

未来三年第三产业用电增速预测

2.5　居民生活用电预测

　　随着人均收入水平的进一步提高，全国居民收入向翻番目标更进一步，全国人均生活用电量也将不断提升。新一轮农网改造三大任务的顺利完成，也使得农村电力消费显著增加，与城市用电的差距逐步缩小。考虑到2017年全国平均气温较常年偏高0.84℃，为1951年以来第三高，预计2018年居民生活用电增速将有所下降，2019年、2020年维持较高速度增长。

　　预计居民生活用电增速2018年为6.0%~7.7%，2019年为5.8%~8.1%，2020年为5.7%~8.0%。

未来三年居民生活用电增速预测

2.6　全国用电需求预测

　　结合未来三年经济和用电发展趋势预测：

　　低方案，2018年，全社会用电同比增长4.4%，用电量达6.6万亿千瓦时，用电结构为1.8:28.2:41.6:14.4:14.0；2019年，全社会用电同比增长3.6%，用电量达6.8万亿千瓦时，用电结构为1.9:27.6:41.5:14.7:14.3；2020年，全社会用电同比增长3.1%，用电量达7.0万亿千瓦时，用电结构为1.9:27.1:41.3:15.1:14.6。

未来三年用电增速低方案

2018 年
↑ **4.4%**

2019 年
↑ **3.6%**

2020 年
↑ **3.1%**

2018~2020年全国用电量预测结果（低方案）

2018~2020年全国用电结构预测结果（低方案）

未来三年用电增速高方案

2018 年

↑ **5.6**%

2019 年

↑ **5.3**%

2020 年

↑ **5.0**%

　　高方案，2018年，全社会用电同比增长 5.6%，用电量达 6.7万亿千瓦时，用电结构为 1.8:28.2:41.6:14.5:13.9；2019年，全社会用电同比增长 5.3%，用电量达 7.1万亿千瓦时，用电结构为 1.8:27.5:41.4:15.0:14.3；2020年，全社会用电同比增长 5.0%，用电量达 7.4万亿千瓦时，用电结构为 1.9:26.8:41.0:15.5:14.7。

2018~2020年全国用电量预测结果（高方案）

2018~2020年全国用电结构预测结果（高方案）

三

电源发展

1 水电

1.1 2017 年发展概况

1 常规水电

常规水电装机延续低速增长态势

常规水电装机
↑ **2.3**%

截至 2017 年底，全国常规水电装机容量 31250 万千瓦，约占全国电源总装机的 17.6%，占非化石电源装机的 46.6%。"十二五"期间全国常规水电装机年均增速约 8.3%，2013 年以来常规水电装机容量增速逐年下降，2017 年常规水电装机容量同比增长 2.3%，为 2000 年以来最低水平。

2014~2017 年全国常规水电装机容量及同比变化

数据来源：《电力工业统计资料汇编》（2014、2015、2016、2017统计快报）

2017 年投产的重点常规水电项目

省份	电站名称	单机容量（万千瓦）	机组台数（台）	投产时间
四川	猴子岩水电站	42.5	1	2017 年 4 月
	长河坝水电站	65	1	2017 年 4 月
	长河坝水电站	65	1	2017 年 6 月
	猴子岩水电站	42.5	1	2017 年 7 月
	猴子岩水电站	42.5	1	2017 年 11 月
云南	苗尾水电站	35	1	2017 年 10 月
	苗尾水电站	35	1	2017 年 11 月

截至 2017 年底，全国四川、云南、湖北、贵州、广西、湖南、青海、福建八省(区) 常规水电装机容量超过 1000 万千瓦，占全国水电总装机容量的 80.2%。其中，四川、云南两省水电装机容量占全国比重为 44.5%，较 2016 年提高 0.8 个百分点。

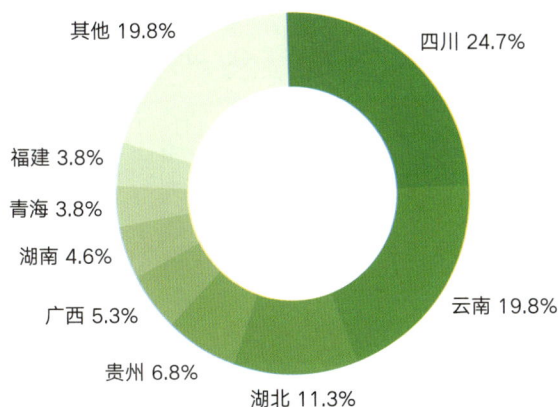

2017年分地区常规水电装机容量占比

数据来源：《电力工业统计资料汇编》（2017统计快报）

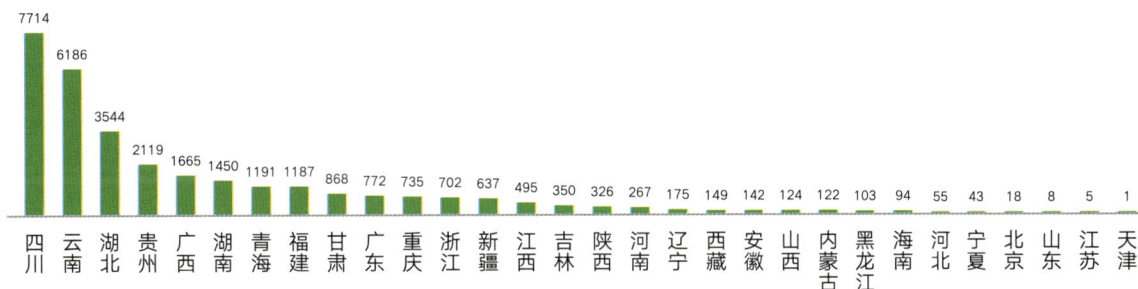

2017年全国分地区常规水电装机容量（万千瓦）

数据来源：《电力工业统计资料汇编》（2017统计快报）

截至 2017 年底，四川、云南两省水力资源开发程度分别为 64.3%、60.7%，西藏自治区水力资源开发程度为 1.4%，其他地区平均水电装机开发程度为 82.1%。

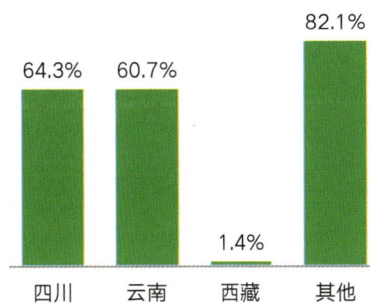

2017年全国分地区水力资源开发程度

数据来源：《电力工业统计资料汇编》（2017统计快报）、《中国水力资源复查成果2003》

占非化石电源发电量
59.9%

2017年，全国常规水电发电量11649亿千瓦时，约占全国电源总发电量的18.2%，占非化石电源发电量的59.9%。其中，四川、云南两省常规水电发电量占全国常规水电发电量的47.6%。2014年以来，全国常规水电发电量占非化石电源发电量的比重逐年降低。

2017年，全国水电利用小时为3579小时，同比降低40小时。2014年以来，全国水电利用小时基本维持在3600小时左右。

2014~2017年全国常规水电发电量

数据来源：《电力工业统计资料汇编》（2014、2015、2016、2017统计快报）

四川省弃水电量
↓ **1.4%**

云南省弃水电量
↓ **7.9%**

2017年，全国弃水电量515亿千瓦时，四川、云南两省弃水电量占全国总弃水电量的83.3%。其中，云南省弃水电量达290亿千瓦时，同比下降7.9%；四川省弃水电量达139亿千瓦时，同比下降1.4%。

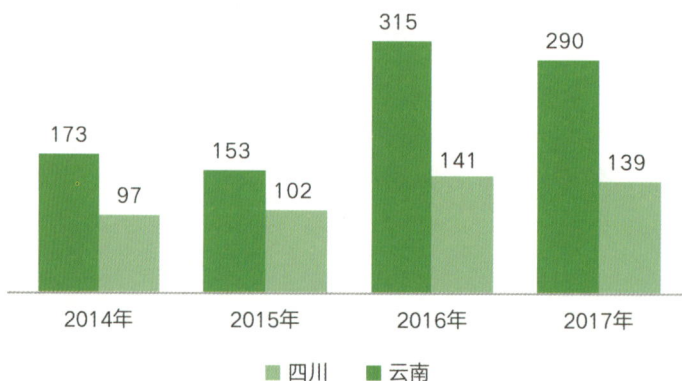

2014~2017年四川、云南两省弃水电量（亿千瓦时）

数据来源：国家能源局

进一步解决川滇两省弃水问题的主要措施建议

2017年，四川、云南两省弃水电量分别同比下降 1.4%、7.9%，弃水问题有所缓解。为进一步解决弃水问题，需重点统筹推进外送通道建设，优化完善水电开发外送有关机制。

▶ 统筹推进外送通道建设，确保水电开发与外送协调同步

四川、云南两省主要流域大型水电站跨省（区）消纳涉及地域范围广、市场主体多，单纯依靠地方政府、发电企业和电网企业很难协调多方利益主体。当前亟需国家主导，统筹研究并协调落实雅砻江中游水电、金沙江上游水电等流域大型水电群消纳方向和电网建设方案，并在全国电力规划中加以明确。电网企业按照相关规划落实具体的电网建设方案，并组织实施。

▶ 创新市场化交易机制，促进水电消纳

在当前水电跨省区交易基础上，根据国家能源发展战略和水电发电特性，在跨省区市场中设立水电交易品种，建立中长期交易和现货市场相结合的市场化消纳机制。市场化建设中，采用灵活的交易方式，尊重历史现实，区分存量和增量交易，按照已建、在建和新建电站区别，分阶段、分类型地推进水电市场化机制改革，发挥市场决定资源配置的作用。

▶ 规范弃水电量统计方法，加强水电运行跟踪分析

水电弃水电量统计主要有容量弃水损失电量和调峰弃水损失电量两种统计方法。容量弃水损失电量法按电站可调出力减去实际出力计算限负荷出力，然后乘以限负荷出力累计小时计算弃水损失电量。调峰弃水损失电量法按电站实际最大调度允许出力乘 24 小时，再减去当日实际发电量，差额部分为调峰弃水损失电量。目前各方对弃水电量没有统一的定义和统计方法，不同口径统计的弃水电量存在差异，亟需在国家层面明确弃水的定义和标准，规范弃水电量的统计和计算，为合理确定水电开发和外送规模提供支撑。

2 抽水蓄能电站

截至 2017 年底，全国抽水蓄能装机容量为 2869 万千瓦，约占全国电源总装机容量的 1.6%，占非化石电源装机容量的 4.2%。"十二五"期间全国抽水蓄能装机年均增速为 6.3%，"十三五"前两年抽水蓄能装机年均增速为 11.6%。

	2014年	2015年	2016年	2017年
抽水蓄能装机容量	2211	2305	2669	2869
同比增速	2.7%	4.3%	15.8%	7.5%

■ 抽水蓄能装机容量（万千瓦）　—●— 同比增速

数据来源：《电力工业统计资料汇编》（2014、2015、2016、2017统计快报）

截至 2017 年底，全国中东部及南方地区抽水蓄能装机容量 2163 万千瓦，占全国抽水蓄能总装机容量的 75.4%。广东、浙江两省抽水蓄能电站装机容量合计 1096 万千瓦，占全国抽水蓄能电站总装机容量的 38.2%。

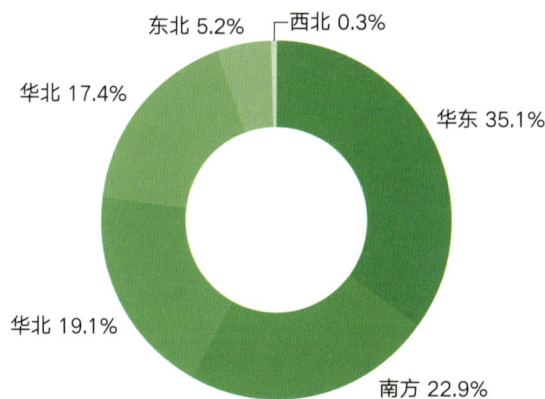

东北 5.2%　西北 0.3%
华北 17.4%
华东 35.1%
华北 19.1%
南方 22.9%

2017年分区域抽水蓄能装机容量占比

数据来源：《电力工业统计资料汇编》（2017统计快报）

广东	浙江	江苏	安徽	河南	湖北	山西	蒙西	辽宁	福建	湖南	江西	冀南	山东	北京	吉林	冀北	海南	西藏
638	458	260	168	132	127	120	120	120	120	120	120	100	100	80	30	27	20	9

2017年全国分地区抽水蓄能装机容量（万千瓦）

数据来源：《电力工业统计资料汇编》（2017统计快报）

2017 年投产的抽水蓄能电站

省份	电站名称	单机容量（万千瓦）	机组台数（台）	投产时间
江苏	江苏溧阳抽水蓄能电站	25	6	2017 年 1~10 月
广东	深圳抽水蓄能电站	30	1	2017 年 11 月
海南	琼中抽水蓄能电站	20	1	2017 年 11 月

1.2 未来三年发展展望

1 常规水电

未来三年全国常规水电预计新增装机容量 2820 万千瓦。其中，四川、云南两省新增水电装机分别为 822 万千瓦、845 万千瓦。重点水电项目有乌东德水电站、长河坝水电站、苗尾水电站、黄登水电站、大华桥水电站等。

未来三年全国水电规划目标预计将基本完成

常规水电新增装机
2820 万千瓦

乌东德水电站

乌东德水电站位于四川会东县和云南禄劝县交界的金沙江河道上，电站装机容量 1020 万千瓦（85 万千瓦 ×12 台），多年平均发电量约 389.1 亿千瓦时。预计 2020 年实现首批机组发电，2021 年全部机组投运。

乌东德水电站

长河坝水电站

长河坝水电站位于四川省甘孜藏族白治州康定市境内大渡河干流上游，电站装机容量 260 万千瓦（65 万千瓦 ×4 台），多年平均年发电量 111 亿千瓦时。预计 2018 年全部机组投运。

长河坝水电站

苗尾水电站

苗尾水电站位于云南省大理白族自治州云龙县境内澜沧江河段，电站装机容量140万千瓦（35万千瓦×4台），多年平均年发电量64.7亿千瓦时。预计2018年全部机组投运。

苗尾水电站

黄登水电站

黄登水电站位于云南省兰坪县境内澜沧江上游，电站装机容量190万千瓦（47.5万千瓦×4台），多年平均发电量约85亿千瓦时。预计2018年全部机组投运。

黄登水电站

大华桥水电站

大华桥水电站位于云南省怒江州兰坪县境内澜沧江上游河段，电站装机容量92万千瓦（23万千瓦×4台），多年平均发电量约41亿千瓦时。预计2018年全部机组投运。

大华桥水电站

2 抽水蓄能电站

未来三年全国抽水蓄能电站新增装机容量1030万千瓦。重点项目有广东深圳抽水蓄能电站、海南琼中抽水蓄能电站、丰宁一期抽水蓄能电站、安徽绩溪抽水蓄能电站、山东文登抽水蓄能电站、吉林敦化抽水蓄能电站、黑龙江荒沟抽水蓄能电站等。

结合系统调峰需求进一步优化新开工抽水蓄能电站的布局和建设时序

深圳抽水蓄能电站

深圳抽水蓄能电站位于广东省深圳市盐田区和龙岗区之间，安装4台30万千瓦的立轴单级可逆混流式机组，预计2018年全部机组投运。

深圳抽水蓄能电站

琼中抽水蓄能电站

琼中抽水蓄能电站位于海南省南渡江南源黎田河上游，装设3台单机容量为20万千瓦的可逆式水泵水轮发电机组，预计2018年全部机组投运。

琼中抽水蓄能电站

绩溪抽水蓄能电站

绩溪抽水蓄能电站位于安徽省绩溪县伏岭镇岭前村赤石坑，安装6台30万千瓦立轴单级混流可逆式机组，预计2018年投运。

绩溪抽水蓄能电站

文登抽水蓄能电站

文登抽水蓄能电站位于山东省胶东地区文登市界石镇境内，安装6台单机容量30万千瓦的单级混流可逆式水泵水轮机组，预计2019年投运。

文登抽水蓄能电站

敦化抽水蓄能电站

敦化抽水蓄能电站位于吉林省敦化市北部，安装4台单机容量35万千瓦可逆式水泵水轮机组，预计2020年开始投运。

敦化抽水蓄能电站

荒沟抽水蓄能电站

荒沟抽水蓄能电站位于黑龙江省牡丹江市海林市三道河子乡，安装4台单机容量30万千瓦可逆式水泵水轮机组，预计2020年开始投运。

荒沟抽水蓄能电站

2 风电

2.1 2017 年发展概况

截至 2017年底，全国风电装机容量为 16367万千瓦，占全国电源总装机容量的 9.2%，占非化石电源装机容量的 23.9%。"十二五"期间全国风电装机容量年均增速为 34.6%，"十三五"前两年风电装机容量年均增速为 11.9%。

2014~2017年全国风电装机容量及同比变化

数据来源：《电力工业统计资料汇编》（2014、2015、2016、2017统计快报）

2017年，全国新增风电装机容量 1620万千瓦，东北、华北、西北(后文简称"三北"）地区新增风电装机容量 815万千瓦，占全国新增风电总装机容量的 50.3%，这一比例比 2016年降低了 10个百分点。截至 2017年底，三北地区风电装机容量占比为 74.4%，较 2016年下降了 2.8个百分点。

截至 2017年底，全国内蒙古、新疆、甘肃、河北、山东五省(区)风电装机超 1000万千瓦，占全国风电总装机的 48.9%。

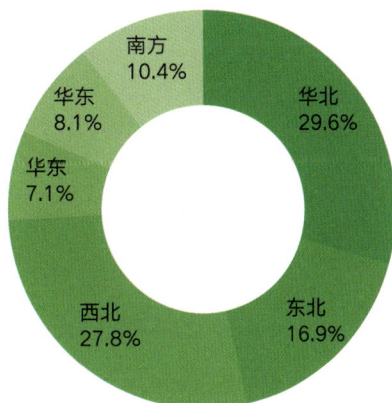

2017年全国分区域风电装机容量占比

数据来源：《电力工业统计资料汇编》（2017统计快报）

风电装机规模稳步增长

风电装机
↑ **11.0%**

三北地区风电装机占比持续降低

三北地区风电装机
占比下降
2.8 个百分点

2016 年占比下降
2.3 个百分点

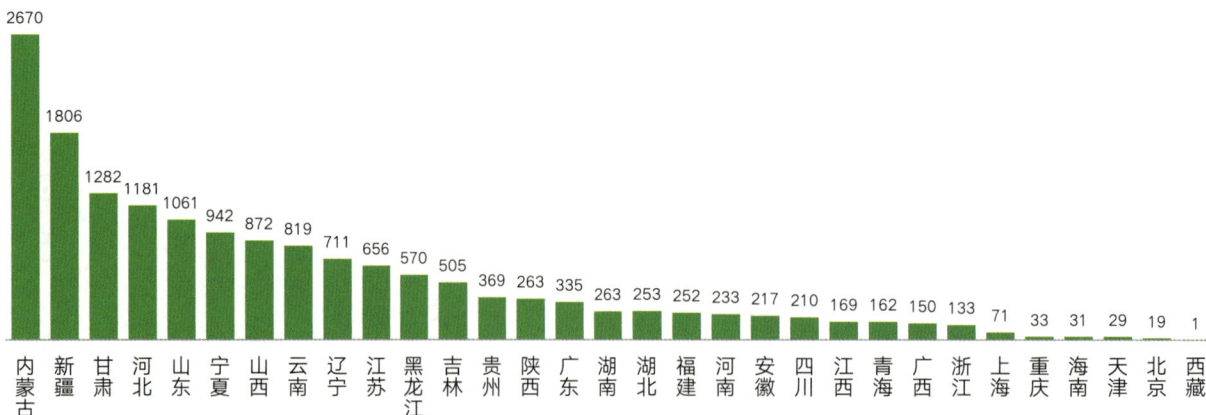

2017年全国分地区风电装机容量（万千瓦）

数据来源：《电力工业统计资料汇编》（2017统计快报）

风电对非化石电量
增长的贡献率超过 1/3

风电对非化石电量
增长贡献率
35.0%

2017年，全国风电发电量3057亿千瓦时，占全国电源总发电量的4.8%，占非化石电源发电量的15.7%。"三北"地区风电发电量2232亿千瓦时，占全国风电总发电量的73.0%。2017年，全国风电利用小时为1948小时，同比增加203小时。

2017年，全国风电发电量同比新增648亿千瓦时，占新增非化石电源发电量的比重为35.0%。"十二五"期间这一比重为18.5%。

2014~2017年全国风电发电量及对非化石电量贡献率

数据来源：《电力工业统计资料汇编》（2014、2015、2016、2017统计快报）

2017年，全国弃风电量合计约 422亿千瓦时，同比降低 79亿千瓦时；全国平均弃风率约 12.3%，同比下降 5.2个百分点；三年内第一次实现了弃风电量和弃风率"双降"。其中，三北地区弃风电量占全国弃风电量的98.4%，其中,甘肃、新疆、吉林、内蒙古、黑龙江五省（区）弃风率超过全国平均水平。

弃风电量和弃风率实现双降

弃风电量
↓ **79**亿千瓦时

弃风率
↓ **5.2**%

2014~2017年全国弃风电量及弃风率

数据来源：国家能源局

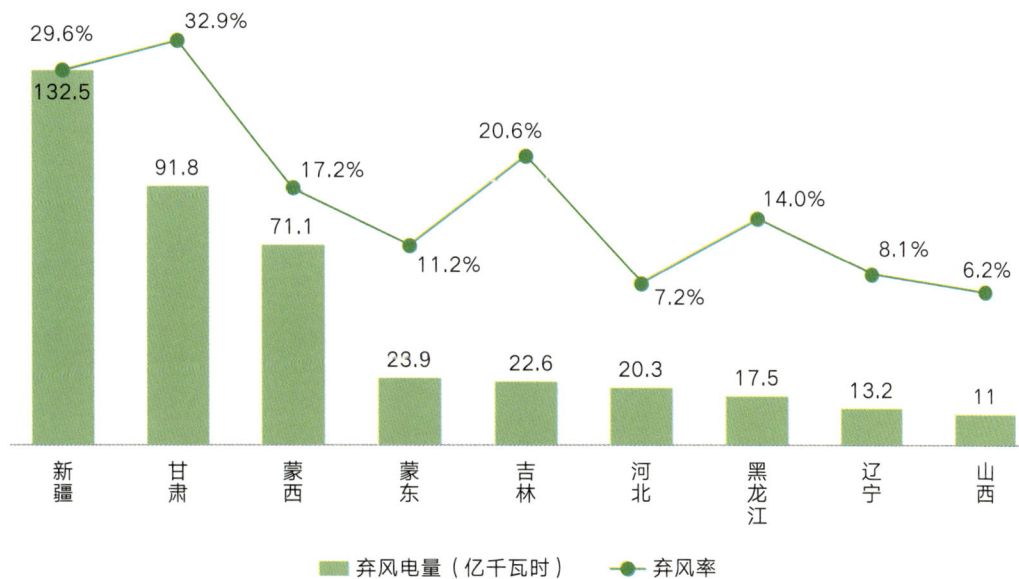

2017年全国分地区弃风电量及弃风率

数据来源：国家能源局

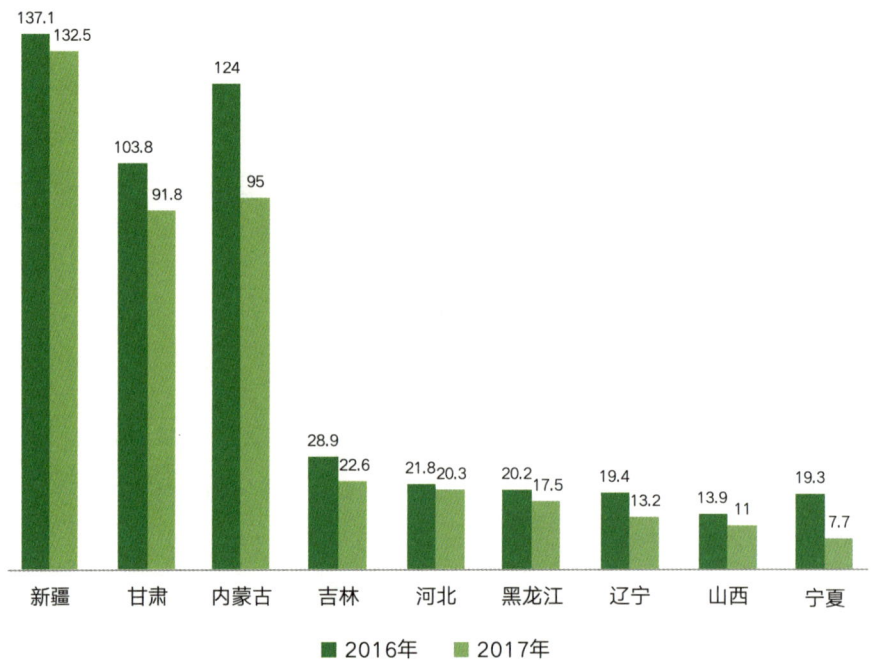

2017年与2016年我国分地区弃风电量对比情况（亿千瓦时）

数据来源：国家能源局

弃风严重地区弃风率均有明显下降

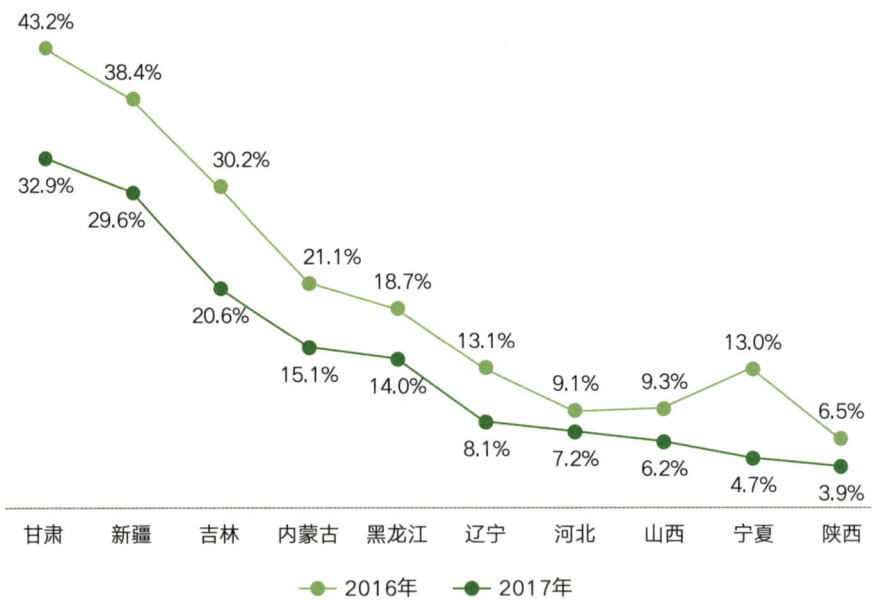

2017年与2016年我国重点地区弃风率对比情况

数据来源：国家能源局

2017年促进新能源消纳所采取的主要措施

⬛ 以系统消纳为核心优化新能源电源布局

新能源即将成为全国第二大电源，发展的核心已由开发侧转移至系统侧，新能源电源发展布局与系统消纳能力密切相关。2017年，国家能源主管部门持续优化新能源电源布局，严控三北弃风、弃光严重地区新能源电源开发，2017年，东部及南方地区新增风电、光伏装机占比分别提高10个百分点及15.3个百分点。

⬛ 不断建立健全新能源消纳的政策体系

国家能源局持续完善保障新能源消纳政策机制，建立了可再生能源开发利用目标引导制度、风电产业监测预警机制、光伏电站市场投资预警机制及可再生能源发电全额保障性收购制度，试行可再生能源绿色电力证书核发和自愿认购制度，发布解决弃水弃风弃光问题实施方案以及一系列促进分布式发电项目发展的相关文件。研究设立全国新能源消纳监测预警体系，提升事前预警能力，科学预测评估新能源消纳水平。选取部分试点地区开展可再生能源综合应用示范区规划，探索可复制推广的可再生能源消纳利用创新路径。通过统一规划、集中开发风电基地的模式，降低风电开发建设成本，为风电平价上网提供示范效应。

⬛ 电网企业多措并举深度挖掘系统新能源消纳能力

过去一年里，全国主要电网企业高度重视新能源消纳问题，千方百计、多措并举挖掘释放了系统新能源消纳能力，取得显著成效。一是加快跨区跨省电网建设，优先安排新能源外送，组织新能源跨区、跨省交易，实现可再生能源电力在更大范围内消纳；二是实施优化电网调度运行，开展跨区、跨流域的风光水火联合运行，统筹送受端调峰资源，实现多种能源发电以及新能源出力与用户响应的联合平衡；三是配合做好东北地区电力辅助服务市场专项改革试点，充分调动火电企业主动参与调峰的积极性，引导微电网、储能、用户可中断负荷等参与调峰调频，推动利用价格杠杆促进新能源消纳。

2.2 未来三年发展展望

⊞ 2020 年弃风率有望控制在 10% 以内，风电具备平价上网条件

未来三年，将加快建立新能源消纳监测预警机制，科学预判各地消纳能力，引导风电合理开发与布局。积极推进可再生能源就地综合应用示范区建设，开展新技术试点，创新发展模式与政策机制，实现风电就近消纳。逐步推广平价上网的风电基地开发外送模式，通过集中规模化开发降低建设运营成本，加强先进技术应用，参与电力市场交易，不断降低国家财政补贴强度，带动风电行业可持续发展。

未来三年，5%弃风率下，三北地区系统风电消纳能力约 1.8 亿千瓦，其他地区系统风电消纳能力约 2.3 亿千瓦；10%弃风率下，三北地区系统风电消纳能力约 2.5 亿千瓦，其他地区系统风电消纳能力约 3.1 亿千瓦。各区域风电消纳能力预测结果如下表所示。

未来三年各地区风电消纳能力预测结果　　　　　　单位：万千瓦

序号	地区	风电装机现状	5% 弃风率下的消纳能力	10% 弃风率下的消纳能力
1	东北	2764	1200	2000
2	华北	4853	4800	7800
3	西北	4556	3300	4800
4	华东	1329	13000	16000
5	华中	1162	5400	7200
6	南方	1704	4900	7700

采取综合措施后未来三年三北地区风电消纳能力预测结果　　单位：万千瓦

序号	地区	风电装机现状	5% 弃风率下的消纳能力	10% 弃风率下的消纳能力
1	东北	2764	3600	4700
2	华北	4853	7800	11300
3	西北	4556	6800	8700

注："综合措施"指"十三五"电力规划提出的对三北地区采取火电灵活性改造等一系列提高系统调节能力的措施。

3 太阳能发电

3.1 2017 年发展概况

1 光伏发电

截至 2017年底，全国光伏装机容量为 13025万千瓦，占全国电源总装机容量的 7.3%，占非化石电源装机容量的 19.0%。2017年全国光伏装机同比增长 5394万千瓦，同比增速为 70.7%。

"十三五"前两年，全国共 25个省（区、市）的 940个县开展了光伏扶贫项目建设，建成总规模 1011万千瓦，帮扶约 3万个贫困村的 165万户贫困户。

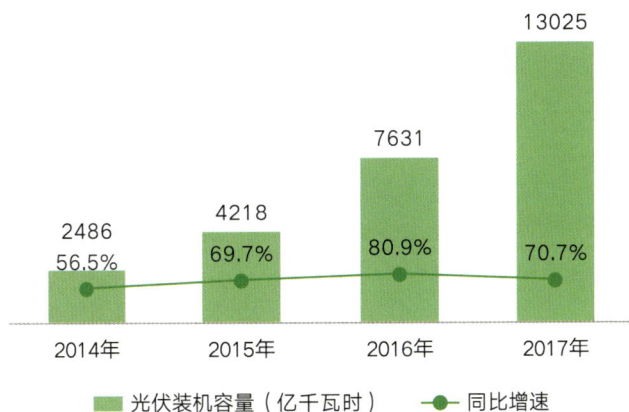

2014~2017年全国光伏装机容量及同比变化

数据来源：《电力工业统计资料汇编》（2014、2015、2016、2017统计快报）

2017年，全国新增光伏发电装机容量 5394万千瓦，其中，三北地区新增装机容量占全国新增装机容量的 45.5%，比 2016年下降 15.3个百分点。截至 2017年底，三北地区光伏装机容量占全国光伏装机总容量比重为 58.0%，比 2016年下降 9.5个百分点。

截至 2017年底，全国山东、新疆、江苏、安徽、河北、浙江、青海、甘

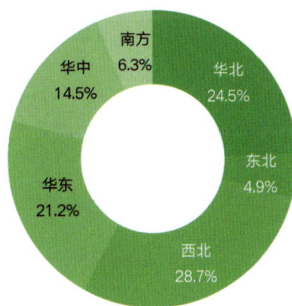

2017年全国分区域光伏装机容量占比

数据来源：《电力工业统计资料汇编》（2017统计快报）

> **光伏发电装机增长超过预期，财政补贴压力进一步加大**

光伏新增装机
5394 万千瓦

> **光伏扶贫力度不断加大**

> **中东部及南方地区光伏装机容量占比明显提高**

三北地区
光伏装机占比下降
9.5 个百分点

2017年全国分地区光伏装机容量（万千瓦）

数据来源：《电力工业统计资料汇编》〔2017统计快报〕

肃、内蒙古、河南、宁夏、山西、陕西十三省（区）光伏装机超过 500万千瓦，占全国光伏总装机的 78.5%，山东省装机突破 1000万千瓦。

2017年，全国光伏发电量约 1182亿千瓦时，占全国总发电量的 1.8%，占非化石电源发电量的 6.1%。三北地区光伏发电量达到 787亿千瓦时，占全国光伏总发电量的 66.6%。

2017年，全国光伏发电量同比新增 517亿千瓦时，同比增速为 77.7%，新增光伏发电量占新增非化石电源发电量的比重为 27.9%。2013年以来光伏发电量年均增速 93.7%，新增光伏发电量占新增非化石电源发电量的比重为 13.4%。

2017年，全国光伏利用小时为 1204小时，同比增加 74小时。

2017年，全国弃光电量合计约 72.8亿千瓦时，全国平均弃光率约 5.8%。其中，新疆 29.4亿千瓦时、甘肃 18.5亿千瓦时、青海 7.5亿千瓦时、陕西 5.1亿千瓦时、内蒙古 4.9亿千瓦时、宁夏 4.8亿千瓦时、河北 1.4亿千瓦时、山西 0.4亿千瓦时、吉林 0.4亿千瓦时、山东 0.3亿千瓦时、云南 0.2亿千瓦时。

2014~2017年全国光伏发电量及对非化石电量贡献率

数据来源：《电力工业统计资料汇编》
（2014、2015、2016、2017统计快报）

2014~2017年全国弃光电量及弃光率

数据来源：国家能源局

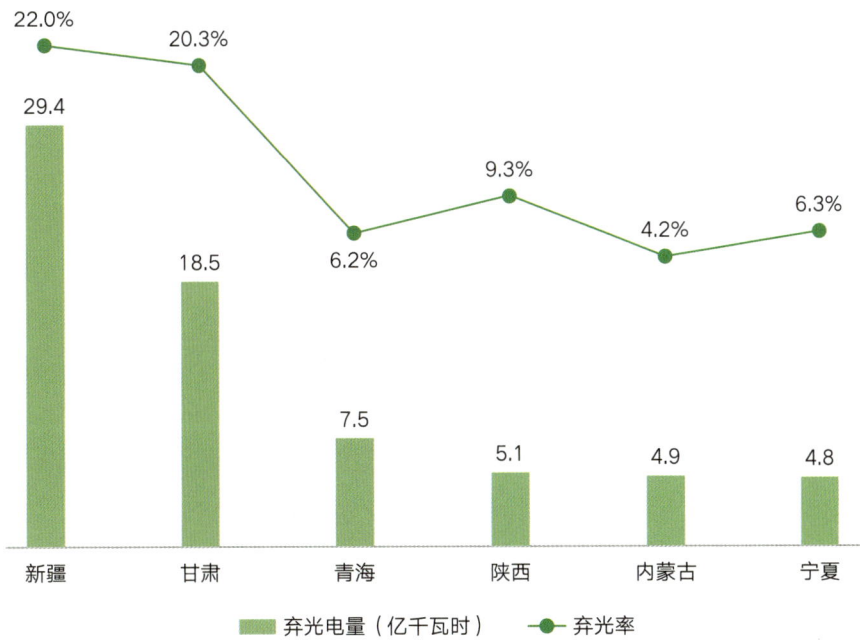

2017年全国分地区弃光电量及弃光率

弃光电量（亿千瓦时）　弃光率

数据来源：国家能源局

2016年及2017年分地区弃光电量对比情况（亿千瓦时）

2016年　2017年

数据来源：国家能源局

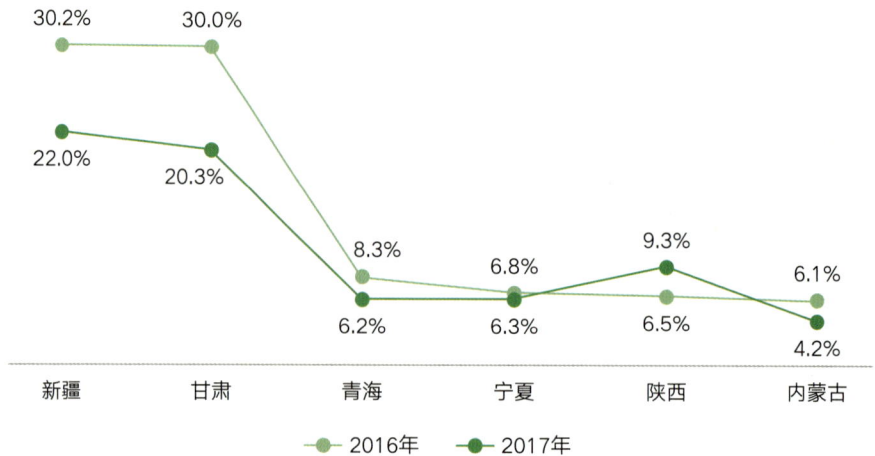

2016年及2017年分地区弃光率对比情况

数据来源：国家能源局

光伏发电亟需控制开发节奏，优化调整规划目标。建议结合财政补
贴承受能力，加大光伏电站标杆电价调整力度。同时加强宏观调控，控
制光伏电站开发强度，新增规模向光伏扶贫等方面倾斜。

2 光热发电

截至 2017年底，全国太阳能热发电机组总装机容量 2.83万千瓦，与
2016年持平，不足规划目标的 1%。2017年，全国光热发电量约 1298万千
瓦时，利用小时为 781小时。

3.2 未来三年发展展望

1 未来三年光伏发电消纳能力分析

光伏发电亟需控制开发节奏，优化调整目标

未来三年，建议结合财政补贴承受能力，加大光伏电站标杆电价调整
力度。同时，加强宏观调控，控制光伏电站开发强度，新增规模向光伏扶
贫等方面倾斜。

未来三年，三北地区系统光伏消纳能力约 1.3亿千瓦，其他地区系统
光伏消纳能力约 1.9亿千瓦。未来三年各区域光伏消纳能力预测结果如下
表所示。

未来三年各地区光伏消纳能力预测结果　　单位：万千瓦

序号	地区	2017 年底光伏装机	消纳能力
1	东北	636	1100
2	华北	3186	4100
3	西北	3733	2400
4	华东	2759	11000
5	华中	1889	3300
6	南方	822	4000

采取综合措施后未来三年三北地区光伏消纳能力预测结果　　单位：万千瓦

序号	地区	消纳能力
1	东北	2300
2	华北	6000
3	西北	4800

注："综合措施"指"十三五"电力规划提出的对三北地区采取火电灵活性改造等一系列提高系统调节能力的措施。

2 未来三年投产的光热发电重点项目

2016 年 9 月，中国第一批太阳能热发电示范项目（含 4 小时以上储热功能）名单确定，共 20 个，总装机容量 134.9 万千瓦，标杆上网电价为每千瓦时 1.15 元（含税），要求于 2018 年 12 月 31 日以前投运。20 个示范项目分别分布在青海省、甘肃省、河北省、内蒙古自治区和新疆维吾尔自治区。

目前，首批 20 个光热发电示范有 5 个项目（共 30 万千瓦，占总容量 22.2%）施工进展较快，计划在 2018 年底前建成投产，有 9 个项目（共 51.4 万千瓦，占总规模 38.1%）计划在 2019 年底前并网。但部分项目受技术方案、融资来源等因素影响，存在较大不确定性，另有 4 个项目放弃或退出建设，占示范项目总容量的 1/4。电力发展"十三五"规划提出的 500 万千瓦光热发电装机目标恐难完成。

第一批太阳能热发电示范项目建设有关情况

序号	所在省（区）	项目名称	开工时间
塔　式			
1	甘肃	北京首航艾启威节能技术股份有限公司 敦煌熔盐塔式 10 万千瓦光热发电项目	2016 年 11 月
2	青海	青海中控太阳能发电有限公司 德令哈熔盐塔式 5 万千瓦光热发电项目	2016 年 10 月
3	甘肃	玉门鑫能光热第一电力有限公司 熔盐塔式 5 万千瓦光热发电项目	2017 年 6 月
4	新疆	中国电力工程顾问集团西北电力设计院有限公司 哈密熔盐塔式 5 万千瓦光热发电项目	2017 年 10 月
5	青海	中国电建西北勘测设计研究院有限公司 共和熔盐塔式 5 万千瓦光热发电项目	2017 年 6 月
6	河北	达华工程管理（集团）有限公司 尚义水工质塔式 5 万千瓦光热发电项目	计划于 2018 年下半年开工
7	甘肃	中国三峡新能源有限公司 金塔熔盐塔式 10 万千瓦光热发电项目	计划于 2018 年 6 月 30 日前开工
8	甘肃	北京国华电力有限责任公司 玉门熔盐塔式 10 万千瓦光热发电项目	退出建设
9	青海	国电投黄河上游水电开发有限责任公司 德令哈水工质塔式 13.5 万千瓦光热发电项目	自动放弃
槽　式			
10	青海	中广核太阳能德令哈有限公司 导热油槽式 5 万千瓦光热发电项目	2015 年 9 月
11	甘肃	深圳市金钒能源科技有限公司 阿克塞 5 万千瓦熔盐槽式光热发电项目	2017 年 5 月
12	甘肃	中海阳能源集团股份有限公司 玉门东镇导热油槽式 5 万千瓦光热发电项目	计划于 2018 年 6 月 30 日前开工
13	河北	中阳张家口察北能源有限公司 熔盐槽式 6.4 万千瓦光热发电项目	企业表示已于 2017 年 7 月开工
14	甘肃	常州龙腾太阳能热电设备有限公司 玉门东镇导热油槽式 5 万千瓦光热发电项目	计划于 2018 年下半年开工
15	内蒙古	内蒙古中核龙腾新能源有限公司 乌拉特中旗导热油槽式 10 万千瓦光热发电项目	2017 年 7 月开工
16	甘肃	中节能甘肃武威太阳能发电有限公司 古浪导热油槽式 10 万千瓦光热发电项目	计划于 2018 年 6 月 30 日前开工
线性菲涅尔式			
17	甘肃	兰州大成科技股份有限公司 敦煌熔盐线性菲涅尔式 5 万千瓦光热发电项目	已于 2017 年开工
18	河北	张北华强兆阳有限公司 张家口水工质类菲涅尔式 5 万千瓦太阳能热发电项目	已于 2017 年 10 月开工
19	内蒙古	北方联合电力有限责任公司 乌拉特旗导热油菲涅尔式 5 万千瓦光热发电项目	自动放弃
20	河北	中信张北新能源开发有限公司 水工质类菲涅尔式 5 万千瓦光热发电项目	自动放弃

注："退出建设"为企业表示项目退出建设；"自动放弃"为企业逾期未报能源局开工承诺，视为自动放弃。

资料来源：《国家能源局综合司关于光热发电示范项目建设有关情况的通报》

4 核电

4.1 2017 年发展概况

截至 2017年底，全国在运核电机组 37台，总装机容量为 3582万千瓦，占全国电源总装机容量的 2.0%，占全国非化石电源装机容量的 5.2%。"十二五"期间全国核电装机容量年均增速约 20.7%，"十三五"前两年核电装机容量年均增速为 14.8%。

核电建设周期延长，装机增速明显放缓

核电装机
↑ **6.5**%

2014~2017年全国核电装机容量及同比变化

数据来源：《电力工业统计资料汇编》（2014、2015、2016、2017统计快报）

截至 2017年底，全国核电集中在沿海的辽宁、江苏、浙江、福建、广东、广西和海南七省(区)。其中，广东、福建、浙江三省核电装机合计 2575万千瓦，占全国核电总装机的 71.9%。

2017年，全国核电发电量 2483亿千瓦时，占全国

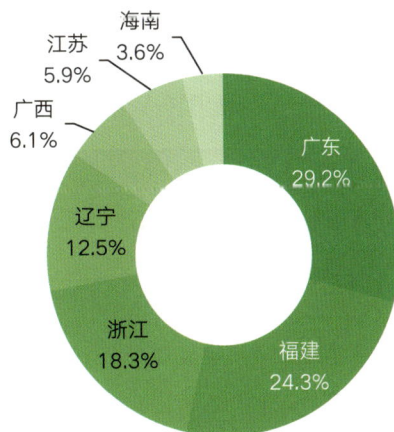

2017年全国分地区核电装机容量占比

数据来源：《电力工业统计资料汇编》（2017统计快报）

电源总发电量的 3.9%，占非化石电源发电量的 12.8%。2017年平均年利用小时数 7108小时，同比增加 48小时，结束了连续三年下降的态势。

2014~2017年全国核电发电量及同比变化

数据来源：《电力工业统计资料汇编》（2014、2015、2016、2017统计快报）

2017 年投产的核电项目

省份	电站名称	单机容量（万千瓦）	机组台数（台）	投产时间
广东	广东阳江核电	108.6	1	2017 年 3 月
福建	福清核电二期	108.9	1	2017 年 9 月

4.2　未来三年发展展望

1 全国在建核电明细

　　截至 2017年底，全国在建核电机组共 20台，总装机容量约 2260万千瓦。分布在辽宁、山东、江苏、浙江、福建、广东、广西七省(区)。

全国在建核电机组一览表

所在省（区）	机组	容量（兆瓦）	堆型	主要投资方
辽宁	红沿河 5~6 号	2×1080	ACPR1000	广核 & 国电投
山东	石岛湾	1×210	HTR-PM	华能 & 中核
	海阳 1~2 号	2×1250	AP1000	国电投 & 山东国信
江苏	田湾 3~4 号	2×1060	VVER-1000	中核 & 国电投
	田湾 5~6 号	2×1118	ACPR1000	中核 & 国电投
浙江	三门 1~2 号	2×1250	AP1000	中核 & 浙能

续表

所在省（区）	机组	容量（兆瓦）	堆型	主要投资方
福建	福清5~6号	2×1161	华龙一号（中核）	中核＆华电
	霞浦示范快堆	1×600	CFR600	中核
广东	台山1~2号	2×1750	EPR1000	广核
	阳江5~6号	2×1087	ACPR1000	广核＆粤电
广西	防城港3~4号	2×1150	华龙一号（广核）	广核＆广西投资

数据来源：中国核能行业协会

2 未来三年投产核电项目

预计未来三年全国新投产的主要核电项目有三门核电厂1、2号机组，海阳核电厂1、2号机组，台山核电厂1、2号机组，阳江核电厂5、6号机组，田湾核电厂3、4、5号机组，红沿河5、6号机组，石岛湾核电厂高温气冷堆核电示范工程等。

> 2020年核电规模预计无法达到规划目标，影响非化石能源消费比重约0.2个百分点

三门核电厂1、2号机组

三门核电厂位于浙江省台州市三门县健跳镇境内，电厂规划装机容量为6台百万千瓦压水堆核电机组，一期工程建设两台AP1000机组为全球AP1000首堆工程。一期1、2号机组预计分别于2018年和2019年实现并网发电。

三门核电厂

海阳核电厂1、2号机组

海阳核电厂位于山东省烟台市辖海阳市留格庄镇境内，电厂规划装机容量为6台百万千瓦压水堆核电机组，一期工程建设两台AP1000机组。一期1、2号机组预计分别于2018年和2019年实现并网发电。

海阳核电厂

台山核电厂 1、2号机组

台山核电厂位于广东省台山市赤溪镇境内，电厂规划装机容量为6台百万千瓦压水堆核电机组，一期工程建设2台EPR1000堆型三代压水堆核电机组，工程预计2018~2019年实现并网发电。

台山核电厂

阳江核电厂 5、6号机组

阳江核电厂位于广东省阳江市阳东县东平镇境内，电厂规划装机容量为6台百万千瓦压水堆核电机组，一期工程建设4台CPR1000压水堆核电机组，已分别于2014年3月、2015年6月、2016年1月和2017年3月投入商业运行，二期工程建设2台二代改进型ACPR1000压水堆核电机组，工程预计2018~2019年实现并网发电。

阳江核电厂

田湾核电厂 3、4、5号机组

田湾核电厂位于江苏省连云港市连云区境内，电厂规划装机容量为8台百万千瓦压水堆核电机组，1~4号建设4台俄罗斯产VVER1000型压水堆核电机组，5~6号建设2台二代改进型压水堆核电机组。其中1、2号机组已于2007年5月和8月投入商业运行，3、4号机组预计2018年实现并网发电，5号机组预计2020年实现并网发电。

田湾核电厂

红沿河核电厂 5、6 号机组

辽宁红沿河核电厂位于辽宁省瓦房店市红沿河镇境内，电厂规划建设 6 台百万千瓦级压水堆核电机组，一期已建成 4 台 CPR1000 型压水堆核电机组，二期 5~6 号建设 2 台二代改进型压水堆核电机组，1、2、3、4 号机组已分别于 2013 年 6 月 6 日、2014 年 5 月 13 日、2015 年 8 月 16 日和 2016 年 9 月 19 日正式投入商业运行，5、6 号机组预计 2020 年实现并网发电。

红沿河核电厂

石岛湾核电厂高温气冷堆核电示范工程

石岛湾核电厂位于山东省威海市辖荣成市的宁津镇境内，厂址规划建设 1 台 200 兆瓦高温气冷堆（双堆带一机）+4 台百万千瓦级压水堆核电机组 +2 台 CAP1400 大型先进压水堆核电机组。高温堆示范工程是国家正在实施的 16 个重大科技专项之一，工程已于 2012 年 12 月开工建设，工程预计 2018~2019 年实现并网发电。

石岛湾核电厂高温气冷堆核电示范工程

5 气电

5.1 2017年发展概况

气电装机增速有所提升，但新增气电多为热电联产机组

气电装机
↑ **8.8%**

截至 2017年底，全国气电机组总装机容量 7629万千瓦，占全国电源总装机容量的 4.3%，同比增长 8.8%，增速逐步趋稳。

2017年，全国气电发电量 1528亿千瓦时，同比降低 18.8%，占全国发电量的 2.4%。

2014~2017年全国气电装机容量及同比变化

数据来源：《电力工业统计资料汇编》（2014、2015、2016、2017统计快报）

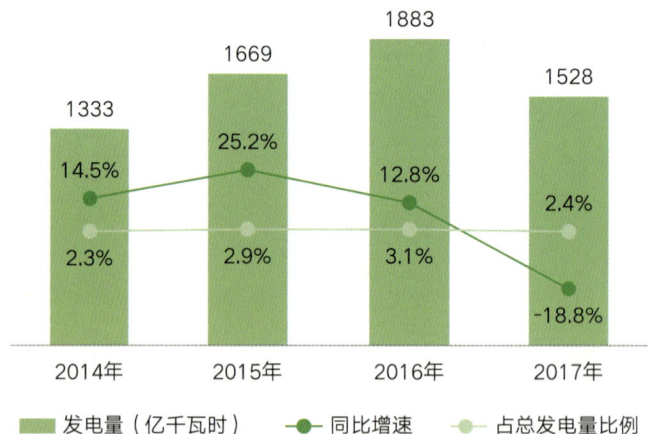

2014~2017年全国气电发电量及同比变化

数据来源：《电力工业统计资料汇编》（2014、2015、2016、2017统计快报）

主要受电价承受能力影响，全国目前气电相对集中在经济较发达地区。广东、浙江、江苏、北京四省（市）气电装机容量合计约5094万千瓦，占比约67.5%。

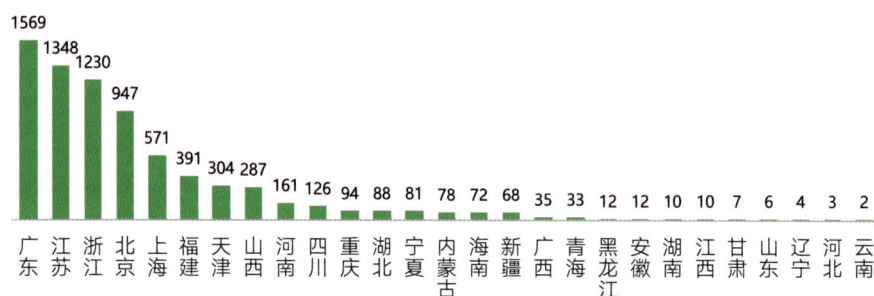

图表数据：
1569 广东
1348 江苏
1230 浙江
947 北京
571 上海
391 福建
304 天津
287 山西
161 河南
126 四川
94 重庆
88 湖北
81 宁夏
78 内蒙古
72 海南
68 新疆
35 广西
33 青海
12 黑龙江
12 安徽
10 湖南
10 江西
7 甘肃
6 山东
4 辽宁
3 河北
2 云南

2017年全国分地区气电装机容量（万千瓦）

数据来源：国家能源局

5.2　未来三年发展展望

综合考虑宏观经济、服务业和居民用电发展趋势、大气污染治理、电能替代等各方面因素，预计长三角、江苏、浙江等迎峰度夏期间电力供需紧张，存在缺电风险。这些省为进一步优化能源结构，提高环境质量，已提出了减煤发展的目标，煤电发展空间受到限制。因地制宜加快应急燃机的建设将成为缓解短时供电压力，提高电网调峰能力的重要手段，未来三年上述地区燃机项目有望取得一定发展。

分布式天然气发电可通过冷、热、电三联供等方式实现能源的梯级利用，具有综合能源利用效率高、设备启停灵活、提高系统供能的可靠性和安全性等优势。京津冀鲁、长三角、珠三角等大气污染防控重点区域和省级重点城市，工业园区、经济开发区、商业建筑的热、冷、电需求旺盛，随着分布式电源相关政策逐步到位，有望在上述地区带动一批分布式天然气发电项目，对于推动全国电力绿色转型具有重要意义。

目前全国气电发展仍处于初步阶段，保障气电协调健康发展的气源市场还未健全。一是天然气供应不稳定，进口管道气供应受国际政治经济环境影响较大，LNG供应受运载能力及环境限制较大，在冬季用气高峰期天然气供应紧张，工业用气受限；二是天然气供应能力不足，受生产地和进口地限制，部分地区天然气供应能力不足，配送到用户的供气网络薄弱，天然气"最后一公里"问题突出；三是天然气价格机制尚不完善，以成本加成定价为主的价格机制显著滞后于天然气市场的发展变化。

6 煤电

6.1 2017 年发展概况

煤电新增规模严控力度持续加大

煤电装机新增
3404 万千瓦

　　截至 2017 年底，我国煤电装机容量 98028 万千瓦，同比增加 3.6%；2017 年我国煤电投产 3404 万千瓦，同比降低 26.3%；煤电占我国电源总装机容量的 55.2%，同比降低 2.1%。"十二五"期间我国煤电装机容量年均增速 6.8%，2017 年煤电装机增速已降至 2000 年以来最低水平。

2014~2017 年全国煤电装机容量及同比变化

数据来源：《电力工业统计资料汇编》（2014、2015、2016、2017 统计快报）

　　截至 2017 年底，全国山东、内蒙古、江苏、河南、广东、山西、新疆七省（区）煤电装机容量超过 5000 万千瓦，占全国煤电总装机容量的 49.9%。

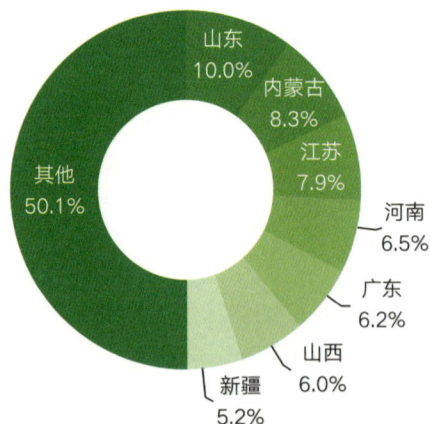

2017 年全国分地区煤电装机容量占比

数据来源：《电力工业统计资料汇编》（2017 统计快报）

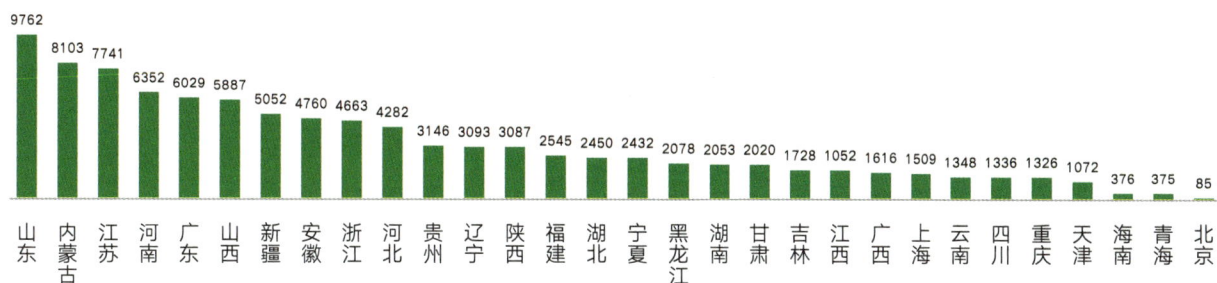

2017年全国分地区煤电装机容量（万千瓦）

数据来源：《电力工业统计资料汇编》（2017统计快报）

2017年，我国煤电发电量38803亿千瓦时，同比增加3.2%；煤电发电量约占我国总发电量的60.5%，同比降低1.7%；2014年以来我国煤电年发电量基本持平。

2017年，我国煤电利用小时为4278小时，相比2016年的4144小时增加约134小时。

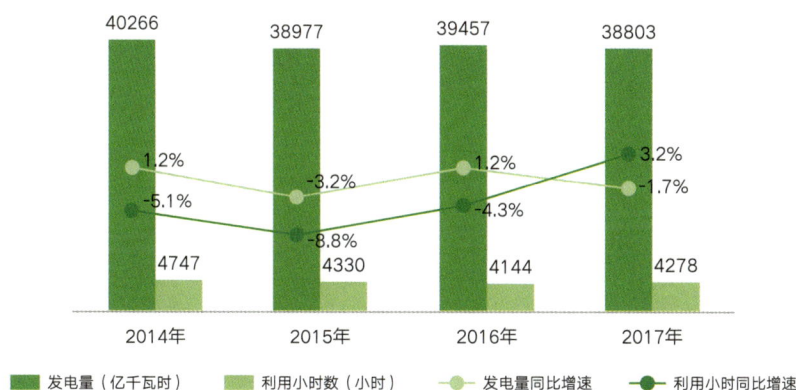

2014~2017年全国煤电发电量、利用小时数及同比变化

数据来源：《电力工业统计资料汇编》（2014、2015、2016、2017统计快报）

6.2 未来三年煤电发展展望

1 煤电清洁利用

截至2017年底，已累计完成煤电超低排放改造约5.8亿千瓦，提前完成4.2亿千瓦的全国总量目标。"十三五"前两年，淘汰落后煤电机组1120万千瓦，完成规划目标的56%。

改造完成后，2020年煤电行业主要大气污染物中的二氧化硫、氮氧化物年排放总量预计降低至260万吨、270万吨左右，较2015年排放量均下降50%以上。

煤电清洁化转型成效显著

改造总量目标
4.2亿千瓦

实际完成改造总量
5.8亿千瓦

2 煤电灵活性改造

国家能源局于 2016 年 6 月遴选了两批共计 22 个项目开展灵活性改造试点，项目总容量约 1700 万千瓦，分布于辽宁、吉林、黑龙江、内蒙古、甘肃、广西、河北等新能源消纳问题突出的省（区）。截至 2017 年底，已完成灵活性改造机组规模约 1000 万千瓦（部分为试点范围外机组），正在前期准备或实施的灵活性改造规模超过 6000 万千瓦。为迅速、有效提升电力系统调节能力，需进一步拓展火电机组灵活性改造范围，落实火电机组深度调峰补偿机制，调动火电机组调峰积极性。同时，结合电网侧、负荷侧调节能力挖潜、提升情况，优化调整火电灵活性改造目标。

第一批提升火电灵活性试点项目改造进展（截至 2017 年底）

编号	所在省（区）	电厂名称	装机容量（万千瓦）	类型	参数	实施进展
1	辽宁	丹东电厂 1、2 号机组	2×35	抽凝	亚临界	已完成
2	辽宁	丹东金山电厂 1、2 号机组	2×30	抽凝	亚临界	已完成
3	辽宁	大连庄河发电厂 1、2 号机组	2×60	纯凝	超临界	已完成
4	辽宁	本溪发电公司 1、2 号机组新建工程	2×35	抽凝	超临界	编制可研
5	辽宁	东方发电公司 1 号机组	1×35	抽凝	亚临界	已完成
6	辽宁	燕山湖发电公司 2 号机组	1×60	抽凝	超临界	已完成
7	辽宁	调兵山煤矸石发电有限责任公司	2×30	抽凝	亚临界	已完成
8	吉林	双辽发电厂 1、2、3、4、5 号机组	2×33 2×34 1×66	1、4 号抽凝，2、3、5 号纯凝	1、2、3、4 号亚临界，5 号超临界	完成可研工作
9	吉林	白城发电厂 1、2 号机组	2×60	抽凝	超临界	已完成
10	黑龙江	哈尔滨第一热电厂 1、2 号机组	2×30	抽凝	亚临界	完成部分改造
11	甘肃	靖远第二发电厂 7、8 号机组	2×33	纯凝	亚临界	编制可研
12	内蒙古	北方临河热电厂 1、2 号机组	2×30	抽凝	亚临界	已完成
13	内蒙古	包头东华热电有限公司 1、2 号机组	2×30	抽凝	亚临界	完成可研工作
14	内蒙古	国华内蒙古准格尔电厂	4×33	抽凝	亚临界	完成可研工作
15	广西	北海电厂 1、2 号机组	2×32	抽凝	亚临界	编制可研
16	河北	石家庄裕华热电厂 1、2 号机组	2×30	抽凝	亚临界	完成可研工作

第二批提升火电灵活性试点项目改造进展

编号	所在省（区）	电厂名称	装机容量（万千瓦）	类型	参数	实施进展
1	吉林	长春热电厂1、2号机组	2×35	抽凝	超临界	已完成
2	吉林	辽源发电厂3、4号机组	2×33	抽凝	亚临界	改造施工
3	吉林	江南热电厂1、2号机组	2×33	抽凝	亚临界	完成部分改造
4	黑龙江	伊春热电厂1、2号机组	2×35	抽凝	超临界	已完成
5	黑龙江	哈尔滨热电1、2号机组	2×35	抽凝	超临界	完成部分改造
6	内蒙古	通辽第二发电厂5号机组	1×60	抽凝	亚临界	完成可研工作

加快煤电灵活性改造工作的有关建议

⊫ 抓紧总结试点经验，明确适合各地实际的技术路线

尽快启动两批煤电灵活性改造试点验收工作，对比分析改造项目的经济效益，提出适合各地区实际的煤电灵活性提升技术路线。尽快布置启动后续煤电灵活性改造试点，推动煤电行业灵活性改造工作全面铺开。

⊫ 加快推进调峰辅助服务市场等相关激励政策出台，有效提升煤电企业改造积极性

在深入总结东北地区辅助服务市场试点成功经验的基础上，全力推动西北和华北地区制定符合本区情况辅助服务市场机制，进一步扩大辅助服务的市场化集中交易的规模和范围，落实煤电机组深度调峰补偿机制，建立市场化的、激励充裕的辅助服务机制。

3 煤电有序发展

近年来，国家陆续出台了《关于促进全国煤电有序发展的通知》、《关于建立煤电规划建设风险预警机制暨发布 2019 年煤电规划建设风险预警的通知》、《关于进一步做好煤电行业淘汰落后产能工作的通知》、《国家能源局关于取消一批不具备核准建设条件煤电项目的通知》、《关于进一步规范电力项目开工建设秩序的通知》、《关于进一步促进山西煤电有序发展的通知》、《关于进一步调控煤电规划建设的通知》、《关于发布 2020年煤电规划建设风险预警的通知》等一系列推动煤电有序发展的政策措施，不断加强煤电规划建设的宏观调控力度，促进煤电行业健康有序发展。

2017年 8月，十六部委联合印发《关于推进供给侧结构性改革 防范化解煤电产能过剩风险的意见》明确提出，"十三五"期间全国停建和缓建煤电产能 1.5亿千瓦，淘汰落后产能 0.2亿千瓦以上，实施煤电超低排放改造 4.2亿千瓦、节能改造 3.4亿千瓦、灵活性改造 2.2亿千瓦。到 2020年，全国煤电装机规模控制在 11亿千瓦以内。

2017年中央经济工作会议明确提出化解煤电过剩产能的任务要求；2018年全国能源工作会议强调聚焦煤电，深入推进供给侧结构性改革，大力化解煤电过剩产能。2017年全国煤电开工建设规模仅 705万千瓦，投产约 3400万千瓦，装机增速仅 3.6%，低于电源装机平均增速 4个百分点，化解煤电产能过剩风险工作初见成效。

4 煤电高效利用

"十二五"期间全国煤电供电标准煤耗率由 336克标准煤 /千瓦时降至约 318克标准煤 /千瓦时，达到世界先进水平，2017年，全国煤电供电标准煤耗率继续降至约 314克标准煤 /千瓦时。

按照《煤电节能减排升级与改造行动计划（2014-2020年）》（发改能源〔2014〕2093号）中提出的目标要求，预计 2020年全国煤电供电标准煤耗率需降至约 310克标准煤 /千瓦时左右，与 2015年相比供电标准煤耗率降低 8克标准煤 /千瓦时，年节约标煤 3600万吨以上，减排二氧化碳 1亿吨以上。

7 电源国际合作

7.1 火电项目

巴基斯坦萨希瓦尔燃煤电站

2017年7月，中方投资建设的巴基斯坦萨希瓦尔燃煤电站项目竣工，总装机132万千瓦，项目可解决巴基斯坦旁遮普省工厂和企业频频断电问题，并为300多万巴基斯坦家庭提供生活用电。

巴基斯坦萨希瓦尔燃煤电站

印尼塔卡拉燃煤电站

2017年12月，中方企业承建的印尼塔卡拉燃煤电站项目1号机组投入商业运行，中方建设企业荣获印尼国家电力公司颁发的"2017年优秀履约奖"。

印尼塔卡拉燃煤电站

俄罗斯捷宁斯卡娅燃气蒸汽联合循环供热电站

2017年6月，中国和俄罗斯合资筹建的捷宁斯卡娅燃气蒸汽联合循环供热电站项目投产。该项目总装机容量45万千瓦，是目前我国在俄最大电力能源类投资项目。

俄罗斯捷宁斯卡娅燃气蒸汽联合循环供热电站

7.2 水电项目

安哥拉卡库洛卡巴萨水电站

2017年8月，中方承建的安哥拉卡库洛卡巴萨水电站开工，是目前中方企业在非洲承建的最大水电站，将大大缓解安哥拉的供电需求短缺的状况。

秘鲁圣加旺 3号水电站

2017年9月，由中方承建的秘鲁圣加旺3号水电站正式开工，项目总装机容量20.93万千瓦，是中方在秘鲁投资的第一个电力项目。

老挝南塔河 1号水电站

2017年12月，中方参与投资建设的老挝南塔河1号水电站项目主体工程完工，项目装机容量16.8万千瓦，建成之后不仅可为当地提供电力保障，还可促进老挝北部地区的经济发展。

老挝南塔河 1 号水电站

7.3 核电项目

英国欣克利角 C核电站

2017年3月，由中广核集团参与投资的欣克利角C项目主体工程正式开工建设。欣克利角C项目位于英国萨默特郡，采用欧洲压水反应堆（EPR）技术。该项目建成后，将满足英国7%的电力需求，对中国核电产业链走出去起到积极的推动作用。

阿根廷与中核集团签署核电总合同

2017年5月，中核集团与阿根廷核电公司在北京人民大会堂签署了关于阿根廷第四座和第五座核电站的总合同。根据约定，中核集团与阿根廷核电公司将在2018年开工建设一台70万千瓦CANDU-6型重水堆核电机组，在2020年开工建设一台百万千瓦级华龙一号压水堆核电机组。

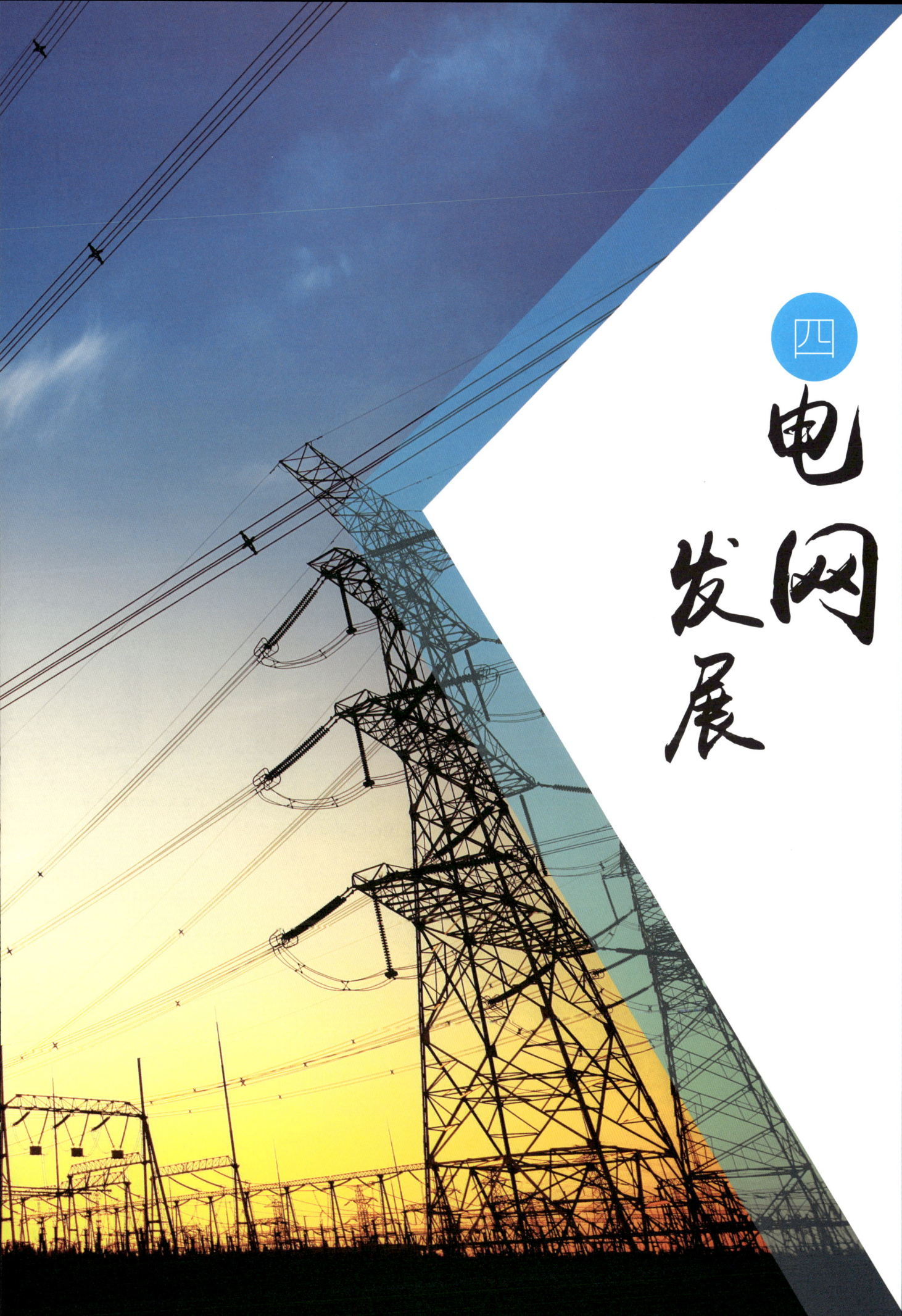

四

电网发展

1 输电网

1.1 2017 年发展概况

1 输电网规模

输电网规模保持快速增长

220 千伏及以上输电线路长度
↑ **6.5%**

220 千伏及以上变电设备容量
↑ **7.9%**

截至 2017年底，全国 220千伏及以上输电线路长度 68.8万千米，同比增长 6.5%，其中，交流线路 65.1万千米，直流线路 3.7万千米。220千伏及以上变电设备容量 37.3亿千伏安，同比增长 7.9%，其中，交流变电设备容量 34.7亿千伏安，直流换流容量 2.6亿千瓦。

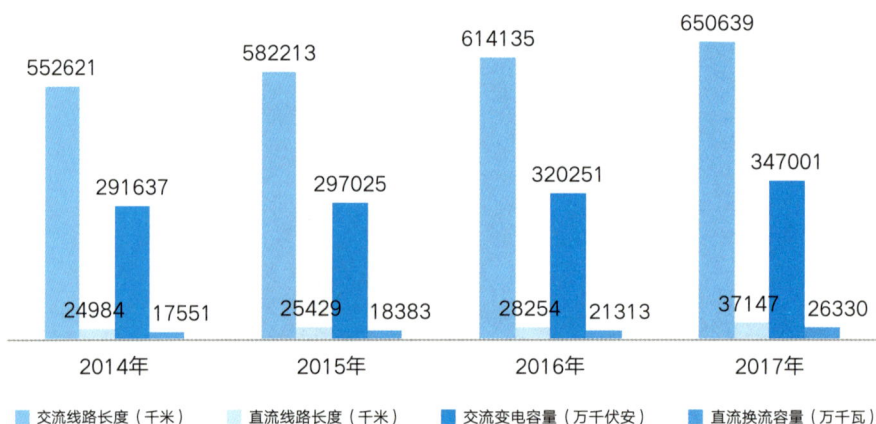

全国输电网建设情况

图例：
■ 交流线路长度（千米）　■ 直流线路长度（千米）　■ 交流变电容量（万千伏安）　■ 直流换流容量（万千瓦）

数据来源：《电力工业统计资料汇编》（2017统计快报）

2017年，全国新增 220千伏及以上交流输电线路 3.3万千米，其中 220千伏线路 18918千米，占 57.1%；330千伏线路 2520千米，占 7.6%；500千伏线路 7938千米，占 24.0%；750千伏线路 899千米，占 2.7%；1000千伏线路 2846千米，占 8.6%。

2017年，全国新增 220千伏及以上变电容量 2.4亿千伏安，其中 220千伏变电容量 10465万千伏安，占 43.1%；330千伏变电容量 783万千伏安，占 3.2%；500千伏变电容量 8275万千伏安，占 34.1%；750千伏变电容量 1740万千伏安，占 7.2%；1000千伏变电容量 3000万千伏安，占 12.4%。

2017年，全国新增 ±800直流输电线路 8339千米；新增直流输电能

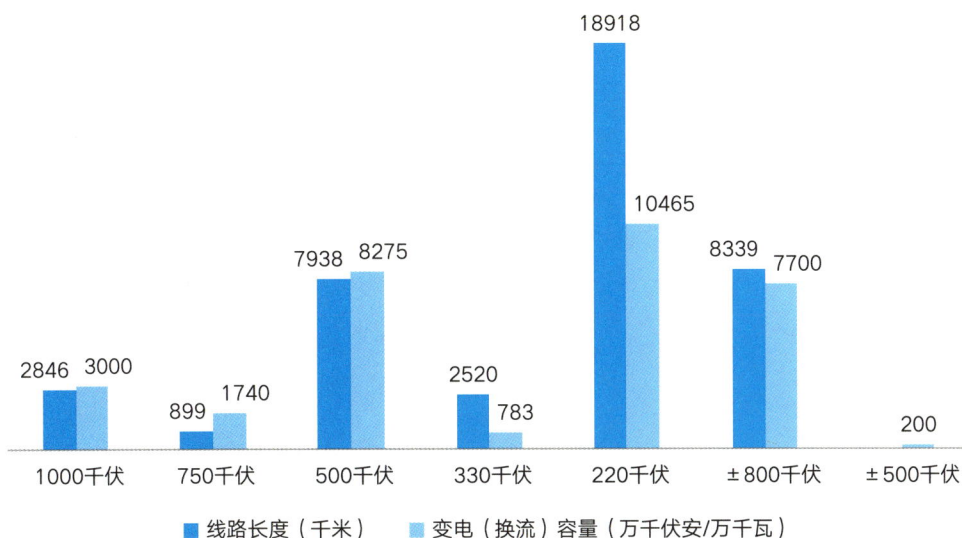

2017年新增220千伏及以上交直流电网线路及变电（换流）容量

线路长度（千米）　变电（换流）容量（万千伏安/万千瓦）

数据来源：《电力工业统计资料汇编》（2017统计快报）

力 7900 万千瓦，其中 ±500 千伏线路 200 万千瓦，±800 千伏线路 7700 万千瓦。

2 西电东送规模

截至 2017 年底，全国西电东送规模约 2.25 亿千瓦，同比增长 27.8%。其中，北通道为 7389 万千瓦，同比增长 48.1%；中通道为 10824 万千瓦，同比增长 28.4%；南通道为 4282 万千瓦。

电力资源配置能力进一步增强，部分通道电源电网建设不同步

西电东送规模
2.25 亿千瓦
↑ **27.8%**

北通道　中通道　南通道

2017年西电东送规模（万千瓦）

数据来源：相关工程可行性研究报告、电网公司

大气污染防治行动十二条重点输电通道实施情况

▣ 10 条输电通道基本全面建成投运，仅有 2 条输电通道开工未投产

截至 2017 年底，10 条特高压输电通道基本建成投运，为改善空气质量、调整能源结构、提高能源利用效率、促进清洁能源发展发挥了重要作用。山西盂县电厂 500 千伏送出工程，陕西锦界及府谷电厂扩建 500 千伏送出工程均已开工建设，但尚未投产。

▣ 部分输电通道的配套电源尚未完全落实

锡盟至泰州直流输电通道、晋北至江苏直流输电通道均已投运，但锡盟换流站、晋北换流站的配套增量或存量电源尚未明确。锡盟至山东交流输电通道、宁东至浙江直流输电通道均已投运，但锡盟交流站、宁东换流站的一半配套电源被国家列入了缓建名单。上海庙至山东直流输电通道已投产运行，但配套在建的部分电源项目预计分别于 2019 年和 2020 年才能实现投运。

2017 年各省间主要断面输电能力如下：

2017 年各省间主要断面情况

区域	主要断面	省间联络线路回路数（条）						设计输电能力（万千瓦）
		330千伏	500千伏	750千伏	1000千伏	±500千伏	±800千伏	
东北	辽—吉、蒙断面		10			1		1270
	黑—吉断面		4					300
华北	蒙西—京津冀断面		4					395
	山西—京津冀断面		9		4			2500
	京津冀—山东断面		4		4			1740
西北	新疆—甘肃断面			4				300
	甘肃—陕西断面			4				700
	甘肃—青海断面			6				430
	甘肃—宁夏断面			4				700

区域	主要断面	省间联络线路回路数（条）						设计输电能力（万千瓦）
		330千伏	500千伏	750千伏	1000千伏	±500千伏	±800千伏	
华中	渝—鄂断面		4					330
	川—渝断面		6					600
	鄂—湘断面		3					260
	鄂—豫断面		4		1			500
	鄂—赣断面		3					300
华东	皖—江浙沪断面		7		4			1100
	闽—江浙沪断面		2		2			450
南方	云南出口断面 注					4	3	2520
	贵州出口断面		4			2		1150
	两广断面		8			5	2	3290

注：云南出口断面输电能力含鲁西背靠背异步联网。　　　　　数据来源：相关工程可行性研究报告

3 电网结构与格局

目前，全国电网形成了以东北、华北、西北、华中、华东、南方六大区域电网为主体，区域电网间交直流互联，覆盖全部省（区、市）的大型电网。截至2017年底，华北电网"两横两纵"1000千伏网架已经建成投产，但蒙西与华北主网异步联网工程推进缓慢，蒙西电网内部动态稳定问题未根本解决。华中电网渝鄂背靠背工程进展顺利，华中东四省电网加强工程尚在论证中。华东电网"球拍"形1000千伏网架已经建成投产。西北电网750千伏主网架进一步加强。南方电网已实现云南与主网的异步联网，广东电网目标网架尚在论证中。全国330千伏及以上跨区、跨省交流输电线路共162条，线路长度28510千米；直流输电线路（含背靠背）共32条，线路长度33764千米。

> 部分区域主网架进一步优化，全国同步电网格局尚在论证

东北电网

东北电网目前已发展成为北与俄罗斯"直流背靠背"联网、南部和西部分别与华北电网"直流背靠背"和"直流特高压"联网、自北向南交直流环网运行的区域性电网，500千伏主网架已经覆盖东北地区的绝大部分电源基地和负荷中心。截至2017年底，东北区域（含内蒙古东部地区）内500千伏及以上变电容量10185万千伏安；500千伏及以上交流线路长度约14242千米；直流输电线路（含背靠背）4条，输送容量1675万千瓦（包括扎鲁特输送容量）。

500千伏及以上变电容量
10185万千伏安

500千伏及以上交流线路长度
14242千米

华北电网

500 千伏及以上变电容量
37391 万千伏安

500 千伏及以上交流线路长度
44669 千米

华北电网建成了胜利—锡盟—山东、蒙西—天津南、榆横—潍坊 1000 千伏交流特高压输电通道，形成了以京津冀区域为受端负荷中心，以内蒙古西部电网、山西电网为送端，区内西电东送、北电南送的送电格局。截至 2017 年底，华北区域（含内蒙古西部地区）内 500 千伏及以上变电容量 37391 万千伏安；500 千伏及以上交流线路长度约 44669 千米；直流输电线路（含背靠背）5 条，输送容量 3500 万千瓦。

华东电网

500 千伏及以上变电容量
39075 万千伏安

500 千伏及以上交流线路长度
33150 千米

华东电网基本形成了以长三角都市群为中心的网格状受端电网格局，建成了淮南—浙北—苏州、淮南—南京—泰州、浙北—福州 1000 千伏交流特高压输电通道，形成了以江苏、浙江、上海为受端负荷中心、安徽、福建为送端、区内西电东送的送电格局。截至 2017 年底，华东区域内 500 千伏及以上变电容量 39075 万千伏安；500 千伏及以上交流线路长度约 33150 千米；直流输电线路 10 条，输送容量 5780 万千瓦。

华中电网

500 千伏及以上变电容量
26891 万千伏安

500 千伏及以上交流线路长度
46445 千米

华中电网目前已形成了以三峡外送通道为中心，覆盖五省一市的 500 千伏主干网架。截至 2017 年底，华中区域内 500 千伏及以上变电容量 26891 万千伏安；500 千伏及以上交流线路长度约 46445 千米；直流输电线路 12 条，输送容量 5491 万千瓦。

西北电网

330 千伏及以上变电容量
27196 万千伏安

330 千伏及以上交流线路长度
47494 千米

西北电网形成了以甘肃电网为中心的坚强 750 千伏主网架，新疆、陕西、宁夏电网均通过 4 回 750 千伏线路与甘肃电网相连，青海电网通过 6 回 750 千伏线路与甘肃电网相连。截至 2017 年底，西北区域内 330 千伏及以上变电容量 27196 万千伏安；330 千伏及以上交流线路长度约 47494 千米；直流输电线路（含背靠背）7 条，输送容量 3271 万千瓦。

南方电网

南方电网形成了"八交十一直"的西电东送主干网架，鲁西背靠背直流工程投运后，送端云南电网与南方电网主网实现异步运行，以广东、广西为中心形成南方电网的主要受端。截至 2017 年底，南方区域内 500 千伏及以上交流变电容量 23725 万千伏安；500 千伏及以上交流线路长度约 39080 千米；直流输电线路（含背靠背）11 条，输送容量 4120 万千瓦。

500 千伏及以上变电容量
23725 万千伏安

500 千伏及以上交流线路长度
39080 千米

4 2017 年投产的重点输电通道

2017 年，投产重点输电通道 10 条，其中 1000 千伏交流特高压输电通道 2 条，±800 千伏特高压直流输电通道 6 条，直流背靠背工程 1 项。

大气污染防治行动计划重点输电通道基本得到落实

2017 投产重点输电通道情况

类型	通道名称	电压等级（千伏）	输电容量（万千瓦）	输电距离（千米）	投产时间
交流	川渝第三条交流输电工程	500	200	241	2017 年 6 月
	锡盟至胜利特高压交流输电工程	1000	700	240	2017 年 7 月
	榆横至潍坊特高压交流输电工程	1000	600	1048	2017 年 8 月
直流	鲁西背靠背直流扩建工程	±160	100	—	2017 年 6 月
	酒泉至湖南特高压直流输电工程	±800	800	2383	2017 年 6 月
	山西至江苏特高压直流输电工程	±800	800	1119	2017 年 6 月
	锡盟至泰州特高压直流输电工程	±800	800	1620	2017 年 10 月
	上海庙至山东特高压直流输电工程	±800	1000	1238	2017 年 12 月
	扎鲁特至青州特高压直流输电工程	±800	1000	1233	2017 年 12 月
	滇西北至广东特高压直流输电工程	±800	500	1960	2017 年 12 月（部分投产）

数据来源：相关工程可行性研究报告、电网公司

1.2 未来三年重点输电通道展望

1 在建重点输电工程

在建重点输电工程 9 项，其中 1000 千伏交流特高压输电工程 2 项，±800 千伏特高压直流输电工程 2 项，±1100 千伏特高压直流输电工程 1 项，直流背靠背工程 1 项。

在建重点输电工程

分类	输电通道	电压等级（千伏）	输电容量（万千瓦）	输电距离（千米）	拟投产时间
交流	山西盂县电厂送出工程	500	500	151	2019 年
	蒙西至晋中特高压交流输电工程	1000	—	304	2019 年
	陕西锦界及府谷电厂扩建送出工程	500	500	662	2020 年
	潍坊至临沂至枣庄至菏泽至石家庄特高压交流输变电工程	1000	700	820	2020 年
直流	滇西北至广东特高压直流输电工程	±800	500	1960	2018 年 6 月
	渝鄂背靠背柔性直流输电工程	±400	500	—	2018 年 12 月
	准东至安徽特高压直流输电工程	±1100	1200	3319	2018 年
	张北风电基地送电京津冀柔性直流输电通道	±500	375	648	2019 年
	乌东德电站送电广东广西（昆柳龙直流）输电工程（特高压多端直流示范工程）	±800	800	1489	2020 年

数据来源：相关工程可行性研究报告、电网公司

2 部分正在论证的大型电源基地输电通道

目前，国家正在协调推进新一批输电通道论证。在现有电力流向的基础上，为进一步促进水电消纳和优化华北地区能源消费结构，未来部分西南水电可能送电华北。北方西电东送通道新能源外送比例将逐步增加，煤电将更多承担通道的基础保障作用。为保证西电东送可持续性，需考虑传统送端省份的接续送电问题。同时，柔性直流技术和多端直流技术已进入工程应用阶段。柔性直流技术适用于送端大规模新能源的灵活外送，可提高受端电网安全可靠性。多端直流技术可以灵活适用我国多送端、多受端的西电东送格局。这两项技术在未来西电东送中有重要应用前景，可有力促进西电东送的技术升级。

目前部分正在论证的大型水电、新能源、煤电基地输电通道如下：

部分正在论证的大型电源基地输电通道

序号	通道
1	青海至河南特高压直流输电通道
2	雅中送电华中特高压直流输电通道
3	白鹤滩电站外送特高压直流输电通道
4	金沙江上游外送输电通道
5	张北至北京西特高压交流输电工程
6	乌兰察布风电基地外送通道
7	新疆第三回外送输电通道
8	陕北（延安）外送输电通道
9	陇彬外送输电通道
10	澜沧江上游外送输电通道［澜沧江上游（西藏段）梯级电站送电南网输电通道］
11	赤峰（元宝山）电力外送通道
12	东北（呼盟）外送输电通道

2 配电网

2.1 2017 年发展概况

2017 年全国主要电网公司配电网建设投资约
2940 亿元

截至 2017 年底，全国主要电网公司配电网变（配）电容量为 33.9 亿千伏安，比 2016 年同期增长约 7.9%，其中高压配电网变电容量 19.6 亿千伏安，比 2016 年同期增长约 4.3%，中压配电网配变容量 14.3 亿千伏安，比 2016 年同期增长约 12.6%。

截至 2017 年底，全国主要电网公司配电网线路长度 541.6 万千米，比 2016 年同期增长约 1.9%，其中高压配电网线路长度 98.7 万千米，比 2016 年同期增长约 2.7%，中压配电网线路长度 443.1 万千米，比 2016 年同期增长约 1.7%。

2017 年，全国主要电网公司配电网建设投资约 2940 亿元，比 2016 年同期提高约 14.9%。

2.2 2018 年配电网建设及投资预期

> 2018 年，全国 110 千伏配电网建设规模仍将有较大幅度增长；为优化电压序列，多数省（区、市）将逐步弱化 35 千伏电压等级，35 千伏变电容量增速放缓；10 千伏变电容量整体较为充裕。35、10 千伏电网将以优化网架结构、提高联络率、增强负荷转供能力为主。

2018 年全国主要电网公司配电网建设投资预计约
3000 亿元

预计至 2018 年底，全国主要电网公司配电网变（配）电容量达 36.4 亿千伏安，比 2017 年增长 7.4%，其中高压配电网变电容量为 20.8 亿千伏安，比 2017 年增长 6.1%，中压配电网配变容量为 15.6 亿千伏安，比 2017 年增长 9.1%。

预计至 2018 年底，全国主要供电公司管理区域内配电网线路长度达 552.3 万千米，比 2017 年增长 2.1%，其中高压配电网线路长度为 108.8 万千米，比 2017 年增长 10.2%，中压配电网线路长度为 443.5 万千米，比 2017 年增长 0.3%。

预计 2018 年，全国主要供电公司配电网建设年度投资约 3014 亿元，相比 2017 年度增长 2.5%。

2.3　农网改造工作概况

　　"十三五"前两年，国家及电网企业农网改造累计投入资金 2053 亿元。小城镇中心村农网改造升级涉及 30 个省（区、市）的 2389 个县，完成规划目标 98.9%。农村机井通电涉及全国 17 个省（区、市）和新疆生产建设兵团的 1061 个县的 10688 个乡镇，完成规划目标 95.2%。贫困村通动力电全面推进，涉及 23 个省（区、市）的 839 个县。

新一轮农网改造加快推进

3 智能电网

3.1 2017年发展概况

1 智能化设备

智能变电站

智能电网建设全面推进

2017年，江苏、浙江等省（区）组织开展了第三代智能变电站的方案研究工作，并开展了第一批就地化保护变电站试点，其中江苏500千伏宿迁钟吾变电站、浙江500千伏乔司变电站、220千伏芙雁变电站及110千伏齐家变电站已顺利完成现场测试工作。南方5省（区）编制完成了智能变电站主要二次设备的技术规范，并发布了35~500千伏变电站标准设计V2.1版。内蒙古地区也已启动智能变电站的建设工作。

设备状态监测系统

2017年，北京、江苏、湖北等26个省（市）实现同期线损在线监测台区383.3万个，检测率92.47%，比年初提升11.99%；完成1.3万千米光缆架设和4397座变电站、供电所（营业厅）站内设备安装调试；有序推进直升机、无人机、人工协同巡检，直升机累计巡航17.1万千米，发现缺陷1.7万处。南方5省（区）完成设备状态监测系统网级主站的升级改造，并将省级主站数据接入网级主站，实现了网内在线监测系统的互联互通以及在线监测终端的实时监视和预警。

2 "互联网+"应用

截至2017年底，北京、江苏、湖北等26个省（市）深化"大云物移"应用，正式发布"国网云"，支撑实现33个业务应用云上运行，集群规模约2300个节点；推广"互联网+"应用，充分利用互联网技术改造并提升传统营销手段和方式，基本实现营销服务线上化、数字化、互动化，完成"掌上电力"APP与"电e宝"融合上线。南方五省（区）充分运用"云大物移智"等技术，以"互联网+人工智能"为牵引，通过喷火式清障无人机、仪表校验机器人、隧道巡检机器人、变电站智能操作机器人等技术对电力服务进行智能化升级；通过远程服务（互联网统一服务平台、95598）、第三方服务（银行、微信、支付宝等平台）、智能化营业厅实现多元化服务渠道。

3 智能电表及用电信息采集系统

截至 2017 年底，北京、江苏、湖北等 26 个省（市）实现新装智能电能表 3748.7 万只，累计采集 4.47 亿户，覆盖率 99.03%，用户信息采集系统向电能质量在线检测系统推送客户停电事件数据 4449.7 万条，向 PMS（生产管理系统）推送电压检测数据 245.2 亿条。南方五省（区）全面建成省级集中计量自动化系统，实现智能电表覆盖率为 93%，低压集抄覆盖率达到 73%。

26 省（市）2017 年新装智能电能表
3748.7 万只

南方五省（区）
智能电表覆盖率达到约
90%

4 电动汽车充电设施

据不完全统计，截至 2017 年底，全国各类充电桩达到 45 万座，是 2014 年底的 24 倍。全国私人专用充电桩约为 24 万座，均为交流慢充，其中北京 8.3 万、上海 7.8 万、广东 3.9 万，三地保有量占全国比重超过 80%。

截至 2017 年底，全国公共充电桩为 21 万座，较 2016 年增加 48.67%，保有量位居全球首位，其中交流桩 8.6 万座、直流桩 6.1 万、交直流一体桩 6.6 万座，相对于 2016 年数量，增加比例分别为 62.9%、60.1%、31%。公共充电桩分布相对集中于京津冀鲁、长三角和珠三角地区，其中北京 3 万、广东 2.9 万、上海 2.6 万。

全国各类充电桩
45 万座

截至2017年底主要省（市）公共充电桩数量

数据来源：国家能源局

3.2　智能电网相关示范项目进展

1　新能源微电网示范项目

新能源电网
示范项目前期规划
12个

在建
8个

已投运
8个

2017年5月，国家发改委、国家能源局下发《关于新能源微电网示范项目名单的通知》，公布了北京延庆新能源微电网示范区项目等 24 个并网型微电网项目以及舟山摘箬山岛新能源微电网项目等 4 个独立型微电网项目，截止到 2017年底，处于前期规划的项目为 12 个，处于在建阶段的项目为 8 个，已经投运的项目为 8 个，具体情况如下：

新能源微电网示范项目

序号	项目名称
并网型	
1	北京延庆新能源微电网示范区项目
2	太原西山生态产业区新能源示范园区
3	张北云计算基地绿色数据中心新能源微电网示范项目
4	合肥市高新区微电网示范项目
5	吉林省白城工业园区新能源微电网示范项目
6	风光氢储互补型智能微电网
7	澳能工业园智能微电网示范项目
8	北京市海淀北部新区新能源微电网示范项目
9	国网嘉兴新能源微网关键技术研究与示范应用项目
10	中德生态园启动区泛能微网
11	山东济南积成工业园新能源微电网
12	上海电力学院临港新校区智能微电网示范项目
13	青岛董家口港新能源微电网示范工程项目
14	泰安市泰开南区工业园新能源微电网项目
15	天长市美好乡村智能微网
16	宁夏嘉泽红寺堡新能源智能微电网项目
17	科陆智能微电网试验示范项目
18	崇礼奥运专区新能源微电网
19	面向低碳城市的崇礼群微电网示范项目
20	温州经济技术开发区微电网示范项目
21	苏州协鑫工业应用研究院新能源微电网项目
22	济南市经济开发区（南园）联网型新能源微电网示范项目
23	甘肃酒泉肃州区新能源微电网示范项目
24	广州供电局南沙高可靠性智能低碳微电网示范项目
独立型	
25	舟山摘箬山岛新能源微电网项目
26	瑞安市北龙岛光储柴互补微电网示范项目
27	福鼎台山岛风光柴储一体化项目
28	珠海万山岛智能微电网示范项目

2 多能互补示范项目

2017年1月，国家能源局下发《关于公布首批多能互补集成优化示范工程的通知》，公布了北京丽泽金融商务区多能互补集成优化示范工程等17个终端一体化集成供能系统以及张家口张北风光热储输多能互补集成优化示范工程等6个风光水火储多能互补系统，具体情况如下：

多能互补集成优化示范工程项目名单

序号	工程名称
终端一体化集成供能系统	
1	北京丽泽金融商务区多能互补集成优化示范工程
2	张家口"奥运风光城"多能互补集成优化示范工程
3	廊坊经济开发区多能互补集成优化示范工程
4	廊坊中信国安第一城多能互补集成优化示范工程
5	大同经济开发区多能互补集成优化示范工程
6	通辽扎哈淖尔多能互补集成优化示范工程
7	苏州工业园区多能互补集成优化示范工程
8	高邮城南经济新区多能互补集成优化示范工程
9	合肥空港经济示范区多能互补集成优化示范工程
10	青岛中德生态园多能互补集成优化示范工程
11	武汉未来科技城多能互补集成优化示范工程
12	深圳国际低碳城多能互补集成优化示范工程
13	榆林靖边光气氢牧多能互补集成优化示范工程
14	延安新城北区多能互补集成优化示范工程
15	延安安塞多能互补集成优化示范工程
16	渭南富平多能互补集成优化示范工程
17	新疆生产建设兵团第十二师一〇四团多能互补集成优化示范工程
风光水火储多能互补系统	
1	张家口张北风光热储输多能互补集成优化示范工程
2	包头土默特右旗电力风光火热储多能互补集成优化示范工程
3	凉山州鸭嘴河流域光水牧多能互补集成优化示范工程
4	韩城龙门开发区多能互补集成优化示范工程
5	海西州多能互补集成优化示范工程
6	海南州水光风多能互补集成优化示范工程

3 "互联网+"智慧能源（能源互联网）示范项目

2017年6月，国家能源局下发《关于公布首批"互联网+"智慧能源（能源互联网）示范项目的通知》，公布了北京延庆能源互联网综合示范区等56个能源互联网示范项目，具体情况如下：

"互联网+"智慧能源示范工程项目名单

序号	项目名称
1	北京延庆能源互联网综合示范区
2	能源互联网试点示范园区
3	厦门火炬开发区"一区多园" "互联网+"智慧能源+智能制造产业融合试点示范
4	京能海淀北部新区能源互联网示范工程
5	崇明能源互联网综合示范项目
6	浙江嘉兴城市能源互联网综合试点示范项目
7	天府新区能源互联网示范项目
8	合肥新站高新区综合能源管理"互联网+"智慧能源 示范项目
9	面向特大城市电网能源互联网示范项目
10	城市综合智慧能源供应服务体系
11	临港区域能源互联网综合示范项目
12	山西科创城能源互联网综合试点示范项目（一期）
13	北京经济技术开发区（路南区）能源互联网综合试点示范
14	呈贡信息产业园能源互联网综合示范项目
15	华润电力泰兴虹桥工业园区"互联网+"智慧能源 示范项目
16	中宁县基于灵活性资源的能源互联网试点示范
17	园区能源互联网示范项目
18	北京经济技术开发区北京经开产业园"互联网+"智慧能源项目
19	产业园区互联网+智慧电源系统应用示范
20	蒙西高新技术工业园区"互联网+"能源管理服务平台
21	无为高沟电缆基地智能微电网"互联网+"智慧能源示范项目
22	井冈山经济技术开发区园区能源互联网示范项目
23	绿色云计算中心智慧能源示范项目
24	上海国际旅游度假区"互联网+"智慧能源（能源互联网）工程
25	基于"互联网+"智慧新能源的多种能源互补型智能电站项目
26	支持能源消费革命的城市－园区双级"互联网+"智慧能源示范项目

序号	项目名称
27	靖边县 1 吉瓦光气氢牧能源互联产业示范园项目
28	湖州长兴新能源小镇"源网荷储售"一体化能源互联网示范项目
29	珠海（国家）高新技术产业开发区"互联网＋小镇"智慧能源示范项目
30	海南省三沙市永兴岛"互联网＋"智慧能源示范项目
31	承德市公共交通枢纽能源互联网示范项目
32	基于智能云调度的电动汽车能源互联网示范项目
33	青海省新能源汽车充电设施与分时租赁创新示范工程
34	电动汽车能源互联网及运营模式创新（常州地区）项目
35	芜湖、淮南、池州电动汽车全自助分时租赁"互联网＋"智能能源示范项目
36	西咸新区基于低碳智慧公共交通体系的能源互联网建设项目
37	江苏大规模源网荷友好互动系统示范工程
38	风光氢储互补型智能微电网示范项目
39	基于绿色能源灵活交易的智慧分布式 微电网云平台试点示范项目
40	基于绿色数据中心能源灵活交易的 能源互联网试点示范
41	基于多种能源的电力实时交易平台试点项目
42	张北县"互联网＋智慧能源"示范项目
43	"互联网＋"在智能供热系统中的应用研究及工程示范
44	广西钦州渔光风储"互联网＋"智慧能源示范项目
45	合肥高新区分布式能源灵活交易"互联网＋"智慧能源示范项目
46	基于电力大数据的能源公共服务建设与应用工程
47	长沙市天然气全产业链电商服务平台
48	中国石油电子商务平台
49	广州市能源管理与辅助决策平台示范项目
50	智慧用能及增值服务项目
51	贵州省能源大数据管理云平台
52	基于云南能源大数据的智慧能源行业融合应用平台
53	基于省级电网企业全业务数据中心的能源互联网智慧用能示范
54	特大型能源化工基地"互联网＋"智慧能源示范项目
55	基于智慧能源的绿色数据中心关键技术及应用
56	连云港经济技术开发区能源互联网试点示范项目

4 电网国际合作

4.1 电网项目国际合作

2017年12月，中国国家电网公司与巴西国家电力公司联合投资建设的巴西美丽山±800千伏特高压直流输电一期工程正式投运，标志着巴西成为全球第二个、拉美第一个拥有特高压直流输电技术的国家。该工程贯穿巴西南北，横跨4个州，输送距离2076千米，输送容量400万千瓦，可将美丽山水电站超过三分之一的电能输送至巴西东南部的负荷中心，满足2200万人口的年用电需求。

4.2 我国与其他国家的电力规划合作

1 中老电力合作规划

2017年3月，中老双方共同签署了《中国国家能源局与老挝能矿部会谈纪要》。双方同意建立中老部门间能源合作工作组，由中国国家能源局和老挝能矿部共同负责，中方将协助老挝共同开展老挝电力规划。

2017年11月，在习近平主席和老挝国家主席本扬·沃拉吉的见证下，中国和老挝签署了《老挝人民民主共和国能源和矿产部与中华人民共和国国家能源局关于建立电力合作战略伙伴关系的谅解备忘录》。双方致力于在政策和信息交流、老挝电力规划、项目合作、金融支持、能力建设等领域开展合作交流。

2018年3月，由国家能源局牵头，电规总院具体承担并编制完成的《老挝电力规划研究》顺利通过老挝能矿部验收。这是中国政府首次协助"一带一路"国家编制国家级电力规划，并获得老挝政府高度评价，具有里程碑意义。

2 其他多、双边电力合作规划

受国家能源局委托，2017年电规总院先后完成了《中俄电力合作规划研究》、《中苏（丹）电力合作规划研究》、《中越能源合作规划研究》、《中蒙能源合作规划研究》等多个双边能源和电力合作规划研究工作，同时正在开展《中菲能源合作规划研究》、《澜湄区域电力互联互通规划研究》等多双边合作规划研究。

4.3　全国与港澳地区及周边国家电力互联互通

1 与港澳地区互联互通及合作情况

2017年，广东电网向香港、澳门地区分别供电130.1亿千瓦时、39.5亿千瓦时，分别占香港、澳门地区用电总量的28.8%、73.5%。

2017年8月台风"天鸽"正面登陆澳门，造成重大的人员伤亡和巨大的经济财产损失。为提升澳门减灾抗灾能力，应澳门特区政府请求，经中央政府批准，国家减灾委员会先后两次组织电力、水利、气象等专业的专家赴澳门协助开展台风"天鸽"灾害总结评估工作。

在澳期间，专家认真听取了特区政府及相关部门关于灾情和救灾工作的情况介绍，详细查阅了澳门关于此次台风灾害的相关资料，牵头电力电讯小组走访了能源办、电力公司、邮电局等单位进行交流讨论，实地察看了电力电讯基础实施和台风灾害损失现场，通过对比分析和评估总结形成了相关工作报告，提出了关于提升澳门电网防灾抗灾能力、加强电力供应保障的建议。

2 与周边国家的互联互通情况

全国已与俄罗斯、蒙古、吉尔吉斯斯坦、朝鲜、缅甸、越南、老挝共 7 个国家实现了电力互联及边贸，主要为周边国家的边境设施及偏远地区供电，具有电压等级低、供电规模小的特点。

2017年，全国与周边国家电网互联规模合计约 260 万千瓦。全国从周边国家进口电量 47.0 亿千瓦时，出口电量 27.9亿千瓦时，总进出口电量仅占全国全社会用电量的 0.1%。

2017 年全国与周边国家电力互联互通及电力边贸情况

国别	联网线路	进口电量（亿千瓦时）	出口电量（亿千瓦时）	备注
中俄	1 回 500 千伏线路及背靠背 2 回 220 千伏线路 2 回 110 千伏线路	32.9	—	—
中蒙	2 回 220 千伏线路 3 回 35 千伏线路 7 回 10 千伏线路	—	12.2	—
中吉	2 回交流输电线路	—	—	已停运
中朝	2 回 66 千伏线路	—	0.01	—
中缅	1 回 500 千伏线路 2 回 220 千伏线路 1 回 110 千伏线路 7 回 35 千伏线路 61 回 10 千伏线路	14.1	2.0	—
中越	3 回 220 千伏线路 4 回 110 千伏线路	—	13.2	—
中老	1 回 115 千伏线路 3 回 35 千伏线路 6 回 10 千伏线路	—	0.5	—

数据来源：中国电力企业联合会

五

供需
形势

1 2017 年电力供需概况

2017年，全国电力供需总体宽松，部分地区存在电力冗余，受持续高温天气影响，迎峰度夏期间部分地区存在短时电力供应紧张的情况。

华北地区电力供需宽松，山西存在电力冗余，迎峰度夏期间河北南网、山东高峰时段出现了一定供电紧张的情况。

东北地区电力供需宽松，黑龙江、吉林、蒙东存在电力冗余。

西北地区电力供需宽松。

华东地区电力供需宽松，迎峰度夏期间，江苏高峰时段出现一定供电紧张的情况。

华中地区电力供需宽松。

南方地区电力供需宽松，云南存在电力冗余。

2 未来三年电力供需形势分析

按电力发展"十三五"规划提出的各类电源发展目标，跨区、跨省电力交换规模，以及煤电规模控制目标，对全国各地区未来三年电力电量平衡进行测算分析，预计未来三年全国电力供需将延续总体宽松的态势，部分地区存在短时电力供应紧张的情况。

2.1 2018 年电力供需形势分析

华北地区

华北地区全社会最大负荷约 2.56亿 ~2.58亿千瓦，同比增长 4.9%~5.7%；当年新增装机约 3273万千瓦。经电力电量平衡测算分析，河北南网电力供需偏紧，山西存在电力冗余，其他各地电力供需相对宽松。

东北地区

东北地区全社会最大负荷约 7128万 ~7218万千瓦，同比增长 3.0%~3.5%；当年新增装机约 534万千瓦。经电力电量平衡测算分析，各地电力供需相对宽松。

西北地区

西北地区全社会最大负荷 1.16亿~1.18亿千瓦，同比增长 5.6%~6.6%；当年新增装机约 1713万千瓦。经电力电量平衡测算分析，陕西电力供需偏紧，其他各地电力供需相对宽松。

华东地区

华东地区全社会最大负荷 2.98亿~3.01亿千瓦，同比增长 5.9%~6.9%；当年新增装机约 3430万千瓦。经电力电量平衡测算分析，浙江、江苏电力供需偏紧，其他各地电力供需相对宽松。

华中地区

华中地区全社会最大负荷 2.27亿~2.29亿千瓦，同比增长 5.6%~6.5%；当年新增装机约 291万千瓦。经电力电量平衡测算分析，江西电力供需偏紧，其他各地电力供需相对宽松。

南方地区

南方地区全社会最大负荷 2.0亿~2.02亿千瓦，同比增长 5.6%~6.6%；当年新增装机约 974万千瓦。经电力电量平衡测算分析，云南存在电力冗余，海南电力供需偏紧，其他各地电力供需相对宽松。

2.2　2019 年电力供需形势分析

华北地区

华北地区全社会最大负荷 2.68亿~2.73亿千瓦，同比增长 4.8%~5.6%；当年新增装机约 3556万千瓦。经电力电量平衡测算分析，河北南网电力供需偏紧，山西存在电力冗余，其他各地电力供需相对宽松。

东北地区

东北地区全社会最大负荷 7389万~7464万千瓦，同比增长 2.9%~3.4%；当年新增装机约 628万千瓦。经电力电量平衡测算分析，各地电力供需相对宽松。

西北地区

西北地区全社会最大负荷 1.22亿 ~1.25亿千瓦，同比增长 5.2%~6.1%；当年新增装机约 2380万千瓦。经电力电量平衡测算分析，陕西电力供需偏紧，其他各地电力供需相对宽松。

华东地区

华东地区全社会最大负荷 3.16亿 ~3.22亿千瓦，同比增长 5.7%~6.7%；当年新增装机约 2184万千瓦。经电力电量平衡测算分析，浙江、江苏、安徽电力供需偏紧，其他各地电力供需相对宽松。

华中地区

华中地区全社会最大负荷 2.39亿 ~2.43亿千瓦，同比增长 5.3%~6.2%；当年新增装机约 2705万千瓦。经电力电量平衡测算分析，湖北、湖南、河南、江西电力供需偏紧，其他各地电力供需相对宽松。

南方地区

南方地区全社会最大负荷 2.11亿 ~2.15亿千瓦，同比增长 5.3%~6.2%；当年新增装机约 1628万千瓦。经电力电量平衡测算分析，海南电力供需偏紧，其他各地电力供需相对宽松。

2.3　2020 年电力供需形势分析

华北地区

华北地区全社会最大负荷 2.80亿 ~2.87亿千瓦，同比增长 4.5%~5.4%；当年新增装机约 3098万千瓦。经电力电量平衡测算分析，河北南网电力供需偏紧，山西存在电力冗余，其他各地电力供需相对宽松。

东北地区

东北地区全社会最大负荷 7597万 ~7711万千瓦，同比增长 2.8%~3.3%；当年新增装机约 1000万千瓦。经电力电量平衡测算分析，其他各地电力供需相对宽松。

西北地区

西北地区全社会最大负荷 1.28亿 ~1.32亿千瓦，同比增长 4.8%~5.7%；当年新增装机约 3254万千瓦。经电力电量平衡测算分析，陕西电力供需偏紧，其他各地电力供需相对宽松。

华东地区

华东地区全社会最大负荷 3.33亿 ~3.42亿千瓦，同比增长 5.4%~6.3%；当年新增装机约 2984万千瓦。经电力电量平衡测算分析，浙江、江苏、安徽电力供需偏紧，其他各地电力供需相对宽松。

华中地区

华中地区全社会最大负荷 2.51亿 ~2.57亿千瓦，同比增长 5.0%~5.9%；当年新增装机约 2414万千瓦。经电力电量平衡测算分析，湖北、湖南、河南、江西电力供需偏紧，其他各地电力供需相对宽松。

南方地区

南方地区全社会最大负荷 2.22亿 ~2.28亿千瓦，同比增长 5.0%~5.9%；当年新增装机约 1702万千瓦。经电力电量平衡测算分析，海南电力供需偏紧，其他各地电力供需相对宽松。

未来三年全国各地区电力供需形势分析结果

地区	2018 年	2019 年	2020 年
京津冀	宽松	宽松	宽松
河北南网	偏紧	偏紧	偏紧
山西	冗余	冗余	冗余
山东	宽松	宽松	宽松
蒙西	宽松	宽松	宽松
蒙东	宽松	宽松	宽松
黑龙江	宽松	宽松	宽松
吉林	宽松	宽松	宽松

续表

地区	2018 年	2019 年	2020 年
辽宁	宽松	宽松	宽松
陕西	偏紧	偏紧	偏紧
甘肃	宽松	宽松	宽松
宁夏	宽松	宽松	宽松
青海	宽松	宽松	宽松
新疆	宽松	宽松	宽松
上海	宽松	宽松	宽松
浙江	偏紧	偏紧	偏紧
江苏	偏紧	偏紧	偏紧
安徽	宽松	偏紧	偏紧
福建	宽松	宽松	宽松
湖北	宽松	偏紧	偏紧
湖南	宽松	偏紧	偏紧
河南	宽松	偏紧	偏紧
江西	偏紧	偏紧	偏紧
四川	宽松	宽松	宽松
重庆	宽松	宽松	宽松
西藏	宽松	宽松	宽松
广东	宽松	宽松	宽松
广西	宽松	宽松	宽松
云南	冗余	宽松	宽松
贵州	宽松	宽松	宽松
海南	偏紧	偏紧	偏紧

六

电力技术

1 电源技术

1.1 风力发电技术

2017年新增风电机组中仍以 2兆瓦风机为主，新增 2.1兆瓦至 2.9兆瓦机组的占比与 1.5兆瓦机组占比相近，3兆瓦至 3.9兆瓦机组、4兆瓦及以上机组的占比较去年略有增加。大数据、3D打印、物联网、云计算等技术在风电机组智能制造、风电场开发建设及智能运维等方面发挥越来越重要的作用。

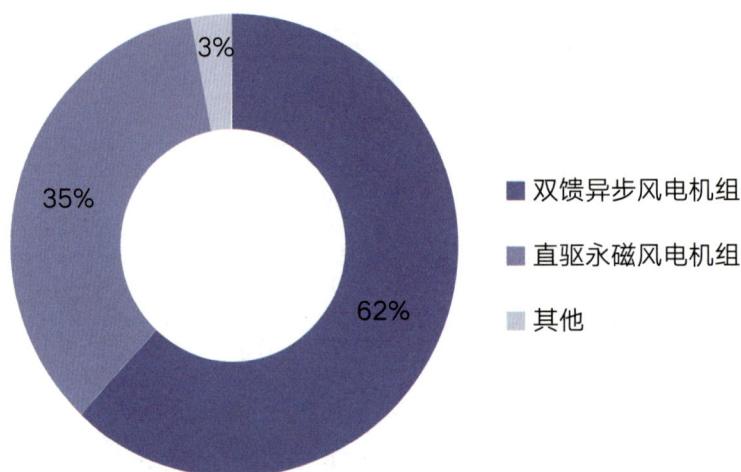

图例
■ 双馈异步风电机组
■ 直驱永磁风电机组
■ 其他

3%
35%
62%

2017年新增风电机组技术类型

数据来源：中国农机工业协会风能设备分会

根据中国风能协会 CWEA统计资料，部分主要风力发电技术的发展趋势如下。

定桨距失速型风电机组

2014年停止生产，2017年新增占比为零。

双馈异步风电机组

2010年后，市场份额逐年下降。2016年新增装机占比 64%，2017年约 62%，预计到 2020年可达 56%。

直驱永磁风电机组

> 2008年后市场份额持续上升。2015年新增装机占比 31%，2016年 33%，2017年约 35%，预计到 2020年可达 40%。

> 半直驱永磁风电机组、直驱励磁风电机组、高速齿轮箱驱动的鼠笼式异步发电机风电机组占比较小，预计今后新增装机逐年缓慢增加，到 2020年可达 4%左右。

根据《中国海洋经济发展报告 2017》统计，2016年海上风电新增装机容量 590兆瓦，累计装机 1627兆瓦，同比增长 64%。2017年，国内海上风电发展迅猛。据北极星风力发电网统计，截至 2017年底，全国共有 14个海上风电项目获得核准，总装机容量 3983兆瓦。按照国家能源局颁布的《风电发展"十三五"规划》，到 2020年底，全国海上风电并网装机容量达到 5000兆瓦以上。

目前全国海上风电机组主要以单机容量 4兆瓦、3兆瓦和 2.5兆瓦的机组为主，单机容量 4~6兆瓦风机为全国海上风电场的新增主流机型。预计 2018年以后，单机功率 6兆瓦的海上风电机组技术将逐步成熟，有望进入批量生产销售时期，成为全国海上风电市场的主流产品。到 2020年，8兆瓦海上风电机组在全国进入批量应用，全国海上风电场建设进入高速发展新阶段。

1.2 太阳能发电技术

1 光伏发电技术

根据工信部发布的 2017年全国光伏产业运行情况统计：2017年光伏行业 P型单晶及多晶电池技术持续改进，常规生产线平均转换效率分别达到 20.5%和 18.8%。主要的高效电池技术有多晶黑硅电池技术、N型单晶双面电池技术以及 P型单晶钝化发射极和背面（PERC）电池技术。采用 PERC和黑硅技术的先进生产线的转换效率可分别达到 21.3%和 19.2%。其他先进科研成果的产业化应用进程也在加快，例如：金刚线切技术、N型 PERC技术、HIT等异质结电池技术、IBC等背接触电池技术等。

根据工信部中国电子信息产业发展研究院、中国光伏行业协会发布的中国光伏行业发展路线图统计结果：2017年全国光伏组件中全片电池片组件的市场占比约 95%，占据市场绝大部分份额。60片组件和 72片组件的市场占有率共计约 97%，其中，60片组件市场占有率约 62%，72片组件的市场占有率约 35%。

2017年9月，国家能源局下发《关于推进光伏发电"领跑者"计划实施和2017年领跑基地建设有关要求的通知》，要求每期领跑基地控制规模为800万千瓦，其中应用领跑基地和技术领跑基地规模分别不超过650万千瓦和150万千瓦，"领跑者"计划进一步扩大。为确保新技术先进产能的稳定释放，2017年的"领跑"基地（第三批）首次将"领跑"应用基地细分为技术领先和应用领先两大类：采用常规光伏发电领跑技术的装机规模占比将在80%以上，采用前沿技术的装机规模占比约为20%，代表光伏领域最先进的技术水平。其各自的效率门槛如下。

光伏领跑者各类技术的效率门槛

领跑基地	技术	组件效率	电池效率
应用领跑基地	单晶	17.8%	20.5%
	多晶	17%	19%
技术领跑基地	单晶	18.9%	21.5%
	多晶	18%	20%

为满足第三批领跑者对于组件转换效率的要求，全国生产的光伏组件的功率也逐步提高，单晶硅60片组件的峰值功率达到约295瓦，72片组件峰值功率约345瓦，多晶硅60片组件峰值功率约280瓦，72片组件峰值功率约330瓦。

2 槽式硅油光热发电技术

槽式硅油光热发电技术是一种在聚光集热系统中使用硅油作为传热介质的太阳能热发电技术。与常规导热油12℃~400℃的运行温度相比，该技术具有凝固点更低、运行温度更高等优势，可以提高汽轮机入口蒸汽温度，从而提高电厂运行经济性；同时可降低电厂防凝运行成本。

龙腾内蒙古硅油试验回路相关参数

项目名称	常州龙腾内蒙古乌拉特中旗600米标准示范回路
项目所在地	内蒙古乌拉特中旗
传热介质	硅油 HELISOL®5A
集热场硅油出口温度	425℃
集热场硅油入口温度	300℃

数据来源：玉门龙腾新能玉门东镇导热油槽式5万千瓦光热发电示范项目工程《硅油作为传热介质的可行性研究专题报告》

常州龙腾内蒙古乌拉特中旗 600 米标准示范回路

图片来源：玉门龙腾新能玉门东镇导热油槽式 5 万千瓦光热发电示范项目工程《硅油作为传热介质的可行性研究专题报告》

1.3 核电技术

1 钠冷快堆技术

钠冷快堆以液态金属钠为冷却剂，主要由快中子引起核裂变并维持链式反应的反应堆。"快中子反应堆"是世界上第四代先进核能系统的首选堆型，通过燃料闭合循环技术可将铀资源利用率提高至 60% 以上，同时最大程度的降低核废料的产生量，实现放射性废物排放最小化。

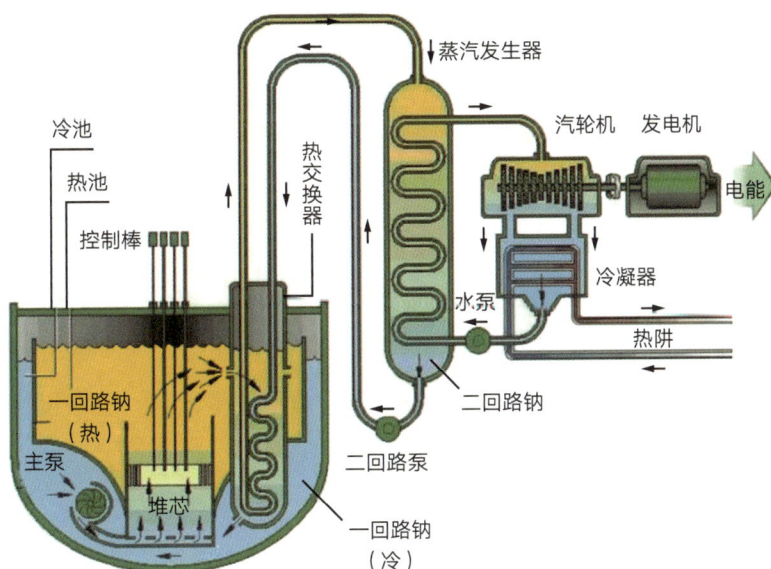

钠冷快堆原理示意图

图片来源：何佳闰，钠冷快堆发展综述[J].东方电气评论

全国于 2010 年建成了第一座钠冷快堆——中国实验快堆（China Experimental Fast Reactor，CEFR），并达到首次临界，2011 年实现了 40%功率并网发电 24 小时的既定工程目标。之后在完成数十项功率阶段试验研究后，于 2014 年底实现了 100%功率运行 72 小时的工程设计目标。

目前，全国在建成 CEFR 的基础上，霞浦 600 兆瓦示范快堆工程（CFR600）作为国家批准的重大专项，已于 2017 年 12 月 29 日开工建设。

② 泳池式低温供热堆技术

泳池式低温供热堆技术的原理是将反应堆堆芯放置在一个常压水池的深处，利用水层的静压力提高堆芯出口的水温以满足供热要求。泳池式低温供热堆的原理如下图所示：热量通过两级交换传递给供热回路，再通过热网将热量输送给各类热负荷。

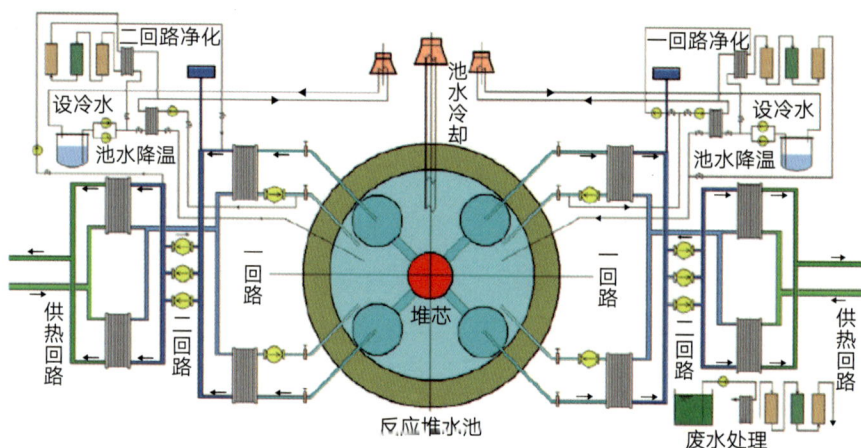

泳池式低温供热堆原理示意图

图片来源：《泳池堆示范工程初步可行性研究报告》

全国泳池式低温供热堆技术起步较早，中核集团中国原子能科学研究院的 49-2 游泳池反应堆（研究堆）至今已运行约半个世纪。在此研究堆的基础上，2017 年 11 月 28 日，中核集团在北京正式发布其自主研发的可用来实现区域供热的"燕龙"泳池式低温供热堆。作为一种技术成熟、安全性高的堆型，"燕龙"堆具有"零"堆熔、"零"排放、易退役、投资少等显著特点，在反应堆多道安全屏障的基础上，还增设了压力较高的隔离回路，确保放射性与热网隔离，提高了安全性。

据测算，一座 400 兆瓦的"燕龙"低温供热堆，供暖建筑面积可达约 2000 万平方米，可满足约 20 万户三居室的用热需求。

3 清华大学低温供热堆技术

清华大学低温供热堆技术的原理是将堆芯放置在压力容器内的下部以提高自然循环的驱动力。在压力容器内（一回路）冷却剂流过堆芯吸收热量后，经水力提升段进入主换热器，将所载热量传给中间回路（二回路）水，然后再通过中间换热器向热网（三回路）输热。

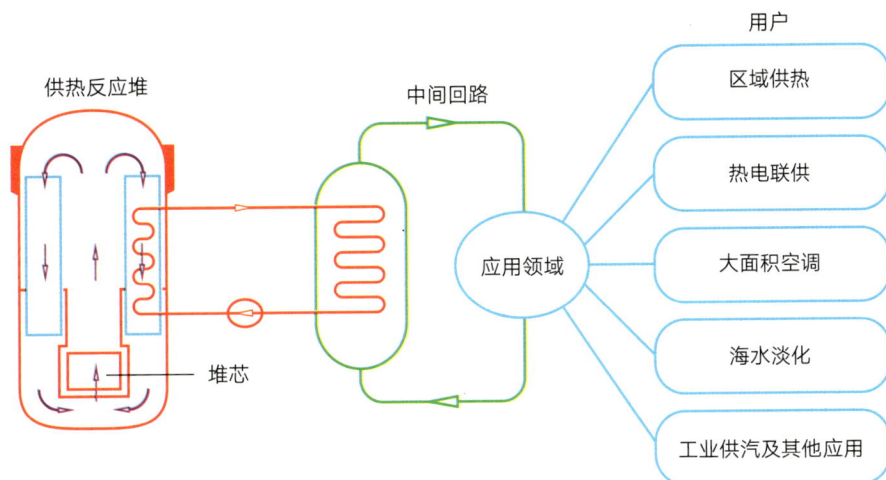

清华大学低温供热堆技术原理图

图片来源：中国核建网站

该堆一回路采用一体化布置、自稳压和自然循环设计，可消除主管道断裂造成的失水事故和冷却剂主泵故障风险。采用非能动安全设计，可将反应堆停堆后的余热通过自然循环由空气冷却器排向大气，不需要动力源，从而确保反应堆安全。根据纵深防御原则，在含放射性的一回路和热网之间设置中间隔离回路，且中间隔离回路的工作压力高于冷却剂回路，可保证在主换热器泄漏的情况下放射性也不会进入热网。

清华大学在 5 兆瓦低温核供热堆研发运行成功的基础上，正在开发具有自主知识产权的 200 兆瓦低温供热堆技术。

4 ACP100模块化小型堆技术

ACP100是由中核集团自主研发的采用"非能动"安全系统和"一体化"反应堆技术的小型压水堆。该技术将核蒸汽供应系统一体化集成为反应堆模块，取消了一回路主管道。反应堆采用地下布置，提高了抵御外部事件的能力。采用非能动专设安全设施方案，通过非能动余热排出系统实现堆芯72小时余热排出，非能动堆芯冷却系统实现安注和堆腔淹没，非能动安全壳热量导出系统保证事故工况下安全壳的完整性。

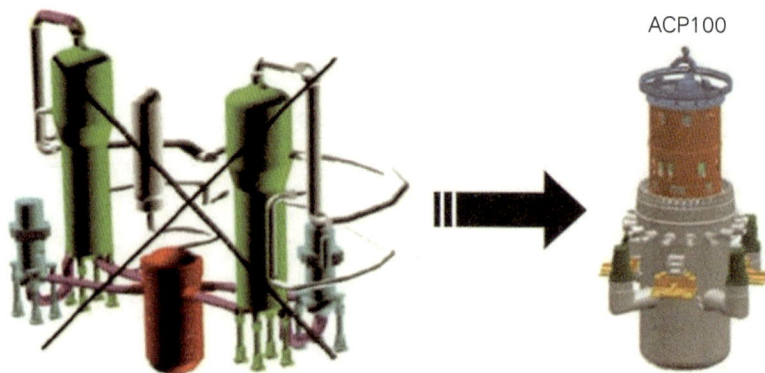

ACP100反应堆模块

图片来源：宋丹戎，ACP100模块化小型堆研发进展[J].中国核电

　　模块化小型堆可以很好地满足中小型电网的供电、城市供热、工业工艺供汽和海水淡化等特殊领域的需求。中核集团 ACP100小型堆根据应用范围不同，可分为陆上小型堆（ACP100）和海上浮动堆（ACP100S）两个类型。其中 ACP100S海上浮动核电站已被纳入国家能源科技创新"十三五"规划，陆上 ACP100小型堆电站拟在海南昌江规划建设。

5 ACPR50S海上核动力平台技术

　　ACPR50S海上核动力平台技术是由中广核集团基于大型压水堆技术的成熟经验开展的小型化设计，依托成熟的核电装备技术和海洋设施技术自主研发设计的满足最高核安全要求和海洋用户需求的分布式海洋综合能源系统，由紧凑型小型反应堆和浮动平台两部分组成。

　　ACPR50S海上小型堆热功率为 200兆瓦，输出电功率 60兆瓦左右，换料周期可达

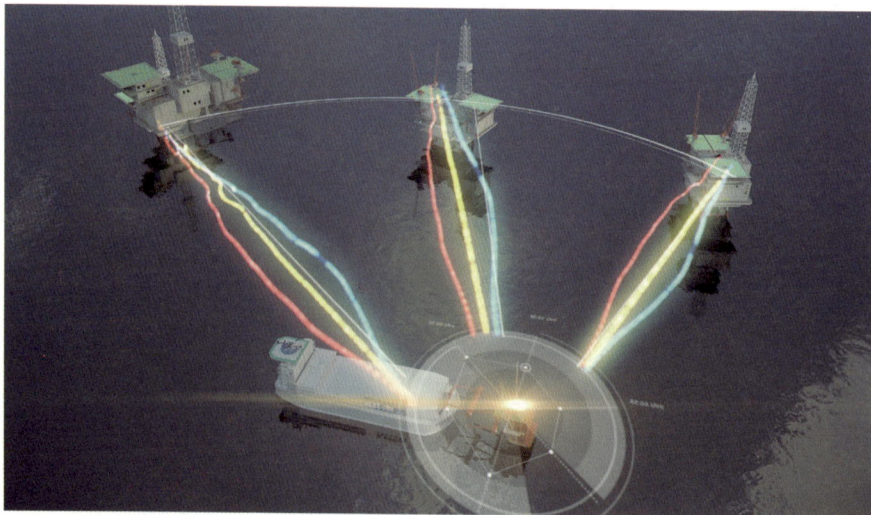

ACPR50S 海上浮动核电站

图片来源：《中国能源报》2016 年 11 月 14 日，第 12 版，中广核启动 ACPR50S 实验堆建造

30个月，建造周期较短。采用模块化设计，易于现场安装、运行及换料检修；采用紧凑型布置，反应堆压力容器与蒸汽发生器之间采用短套管连接，基本消除大破口事故发生的风险。

中广核集团 ACPR50S 海上核动力平台已被纳入国家能源科技创新"十三五"规划。

1.4 燃煤发电技术

1 630℃超超临界燃煤发电技术

630℃超超临界燃煤发电技术是指通过提高煤电机组热部件的材料等级，将汽轮机入口主蒸汽参数提高至 35 兆帕 /615℃，将一次再热蒸汽和二次再热蒸汽温度均提高至 630℃的技术。通过该技术的系统优化和创新，机组发电效率可提高到 50% 以上，发电标准煤耗率可降低至 246 克 /千瓦时以下。

目前，国家能源局已批准大唐山东郓城 630℃超超临界二次再热机组工程按国家电力示范项目建设，由中国大唐集团公司与山东能源临沂矿业集团有限责任公司共同投资。该项目厂址位于山东省菏泽市郓城县，西侧紧邻郭屯煤矿，规划建设 2 台超超临界二次再热百万机组。

该项目主机采用 630℃超超临界二次再热设备。其中，锅炉采用超超临界参数变压直流炉、单炉膛、前后墙对冲燃烧、二次中间再热、平衡通风、运转层以上露天布置、固态排渣、全钢构架、全悬吊结构 π 型炉，汽轮机采用超超临界参数、二次中间再热、单轴、五缸四排汽、双背压、凝汽式、十二级回热抽汽汽轮机，发电机采用三相同步汽轮发电机，额定输出功率 1000 兆瓦。

截至 2017 年底，该项目已完成可行性研究报告，正在进行工艺设计优化。项目暂定的主要工艺设计指标如下。

大唐山东郓城 630℃超超临界二次再热机组工程主要工艺设计指标

项目名称	大唐山东郓城 630℃超超临界二次再热机组工程
装机容量	2×1000 兆瓦
工艺参数	36.75 兆帕 /620℃ /633℃ /633℃（过热器出口） 35 兆帕 /615℃ /630℃ /630℃（汽轮机入口）
设计发电标准煤耗率	245.9 克 / 千瓦时
设计发电效率	50.01%
设计供电标准煤耗率	254.8 克 / 千瓦时

数据来源：山东电力工程咨询院有限公司《大唐郓城 2×100 万千瓦级 630℃二次再热、全污染物协同脱除超超低排放创新项目可行性研究报告》

大唐山东郓城 630℃超超临界二次再热机组工程效果图

2 燃煤耦合生物质发电技术

燃煤耦合生物质发电技术是指依托现役燃煤电厂系统，发挥清洁高效煤电污染物集中治理的平台优势，耦合农林废弃残余物、污水处理厂水体污泥以及生活垃圾等生物质资源进行发电的技术。该技术可实现兜底消纳农林废弃残余生物质，破解秸秆田间直焚、污泥垃圾围城等社会治理难题，克服生物质资源能源化利用污染物排放水平偏高的缺点，增加不需要调峰调频调压等配套调节措施的优质可再生能源的电力供应，促进电力行业特别是煤电的低碳清洁发展。

（1）燃煤耦合农林废弃残余物发电技术。燃煤耦合农林废弃残余物发电技术包括燃烧侧耦合(燃煤耦合生物质直燃发电、燃煤耦合生物质气化发电)、蒸汽侧耦合(生物质直燃锅炉产生蒸汽送入燃煤发电系统)和电力侧耦合(生物质直燃发电与燃煤发电同时并网)等技术路线，按照《国家能源局环境保护部关于开展燃煤耦合生物质发电技改试点工作的通知》(国能发电力〔2017〕75号)，近期优先采用便于可再生能源电量监测计量的燃煤耦合生物质气化发电方案。

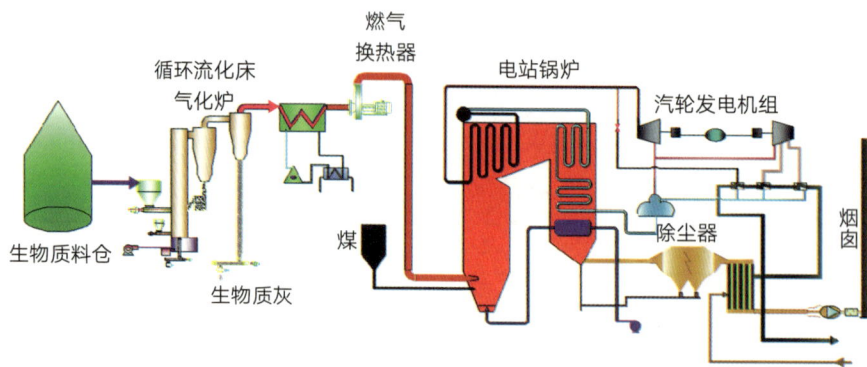

燃煤耦合生物气化发电技术原理图

（2）燃煤耦合污泥发电技术。燃煤耦合污泥发电技术主要包含湿污泥干化和干污泥耦合焚烧两大过程，干污泥焚烧与煤在锅炉中的燃烧过程差别不大，因此本技术的核心在于湿污泥干化技术。湿污泥干化是指将含水率 60%～80% 的污泥干化至 30%～40% 左右，按加热方式可分为烟气直接干化和蒸汽间接干化，蒸汽间接干化相比烟气直接干化更容易实现环保排放的要求，因而得到了更广泛的应用。

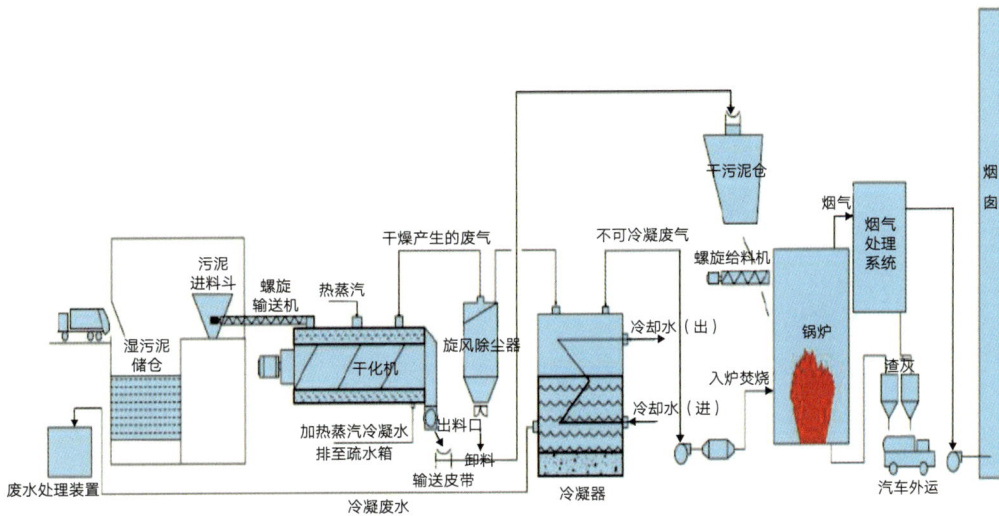

燃煤耦合污泥发电示意图（蒸汽间接干化）

图片来源：《南京化学工业园污泥处理处置项目可行性研究报告》

（3）燃煤耦合垃圾发电技术。燃煤耦合垃圾发电技术主要包括直燃耦合、蒸汽侧耦合、烟气侧耦合和气化耦合等技术。直燃耦合技术是在燃煤锅炉炉膛内建设数个焚烧平台，垃圾在焚烧平台上焚烧，目前该技术方案正在上海外高桥电厂 2 号机组上开展中试试验研究。由哈尔滨锅炉厂自主研发的垃圾焚烧与大型燃煤机组耦合发电技术采用"蒸汽耦合 + 烟气耦合"的双链耦合技术，建设独立的垃圾焚烧炉，蒸汽侧将垃圾焚烧炉产生的主蒸汽引入燃煤机组的热力系统，烟气侧将垃圾焚烧炉产生的尾部烟气引入燃煤锅炉。气化耦合技术采用气化技术将垃圾碳基废物中的有机物转化合成合成气，送入依托机组锅炉焚烧、发电，该技术尚无应用业绩。

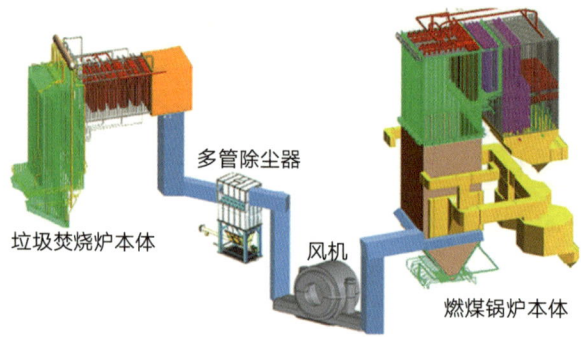

（a）烟气侧耦合

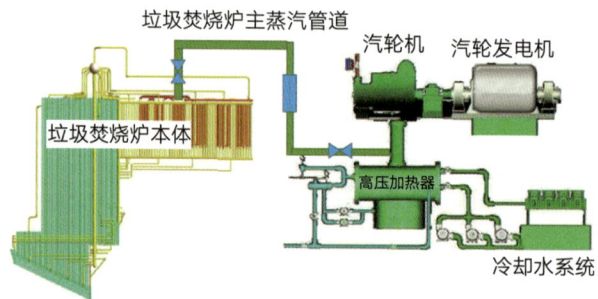

（b）蒸气侧耦合

燃煤耦合垃圾发电技术示意图

图片来源：哈尔滨锅炉厂

1.5 燃气轮机发电技术

H级燃气轮机是燃气轮机发电技术中的一类，是当前最先进的重型燃气轮机。相比于E级、F级燃气轮机，H级燃气轮机的燃烧室初温更高，单机容量更大、能效水平更加先进。

当前，GE、三菱、西门子、安萨尔多等公司均已开发出H级燃气轮机产品，主要性能指标如下表所示。

H级燃气轮机主要性能指标（ISO工况）

产品型号	GE		三菱	西门子	安萨尔多－上海电气
	9HA.011	9HA.021	M701J2	SGT5-8000H3	GT36 S54
出力	446兆瓦	557兆瓦	478兆瓦	450兆瓦	500兆瓦
压比	23.5	23.8	23	20.0	25
排气流量	—	—	896千克／秒	935千克／秒	1010千克／秒
排气温度	629℃	645℃	630℃	630℃	624℃
NOx排放	25 ppmv（干基）	25 ppmv（干基）	25 ppmv（干基）	≤25 ppmv（干基）	≤50毫克／标准立方米

续表

产品型号	GE		三菱	西门子	安萨尔多－上海电气
	9HA.011	9HA.021	M701J2	SGT5-8000H3	GT36 S54
简单循环效率	43.1%	44%	42.3%	>41%	41.5 %
联合循环效率	63.5%（净效率）	64%（净效率）	62.3%	61%（净效率）	61.5%（净效率）

数据来源：各公司官网数据

截至 2017 年底，全国正在实施的 H 级燃气轮机项目有华电军粮城电厂六期工程燃气热电项目，该项目拟用 9HA.01 燃气轮机发电技术。

此外，上海电气公司收购安萨尔多能源公司 40% 股份后，拟结合示范项目建设，通过 GT36 S5 型燃气轮机的技术开发、加工制造、工程应用及运维服务，实现重型燃气轮机技术的完全国产化。

华电军粮城电厂六期工程燃气热电项目信息如下。

华电军粮城电厂六期工程燃气热电项目概况

项目名称	华电军粮城电厂六期工程燃气热电项目
项目所在地	天津市
装机容量	661.028 兆瓦（年平均气温，性能保证工况）602.59 兆瓦（额定供热量，性能保证工况）
最大供热能力	359 兆瓦
配置型式	1 套"一拖一"，分轴布置
燃机型号	9HA.01
燃机发电功率	452.343 兆瓦（年平均气温，性能保证工况）
NOx 排放	≤ 49.3 毫克／标准立方米
年均全厂设计热效率	77.5%
设计年均发电气耗率	0.1434 标准立方米／千瓦时
纯凝工况厂用电率	1.5%

数据来源：东北电力设计院有限公司《天津华电军粮城六期 650MW 燃气 +350MW 燃煤热电联产工程初步设计（收口版）》

1.6 大容量储能技术

盐穴压缩空气储能和发电技术是大容量储能技术中的一类，其充分利用地下盐穴容积大、密闭性好、结构稳定、成本相对较低的优势，以空气压缩机和膨胀发电机为核心，利用低谷或电网富余电能将空气压缩至高压以进行储能，充分压缩后的空气密封储存于地下盐穴(作为储气室),并在供电时被释放以推动透平进行发电。

目前,国家能源局已批准江苏井井储能科技有限公司的盐穴压缩空气储能系统项目按国家电力示范项目建设,由中盐金坛盐化有限责任公司投资。该项目的厂址位于江苏省常州市金坛区,储能及发电出力均为60兆瓦,计划2018年开工建设,2019年投产。

该项目的储能和发电工艺采用清华大学技术,地下盐穴造腔和处理技术由中盐金坛盐化有限责任公司负责。该项目核心设备为压缩机和膨胀机,均拟采用国产化设备。压缩机设置中间冷却和热量回收环节,回收介质采用导热油和水,并进入保温罐体储热;膨胀机入口压缩空气均设换热装置,利用储热介质进行加热,以提高电换电效率;本项目膨胀发电的压缩空气不进行补燃。

截至2017年底,该项目已完成可行性研究报告,报告中暂定的主要工艺设计指标如下。

江苏井井储能科技有限公司基于盐穴压缩空气储能系统项目主要工艺设计指标

项目名称	江苏井井储能科技有限公司基于盐穴压缩空气储能系统项目
设计储能功率,储能时间	60兆瓦,8小时/天
设计发电功率,发电时间	60兆瓦,5小时/天
储能设备年利用小时数	2660小时/年
发电设备年利用小时数	1660小时/年
电换电效率	61.8%

数据来源:江苏省电力设计院有限公司《基于盐穴压缩空气智能电网储能系统项目(60MW国家示范工程)可行性研究报告》

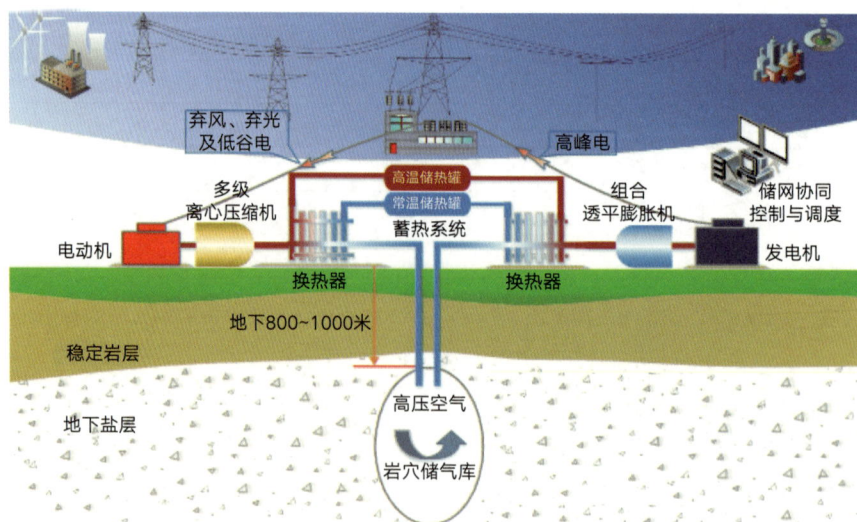

江苏井井储能科技有限公司基于盐穴压缩空气储能系统项目示意图

图片来源:清华大学

2 电网技术

2.1 柔性直流电网技术

张北柔性直流电网试验示范工程在世界范围内首次应用柔性直流电网技术，主要技术特点如下：直流电网 4 端配置，接线复杂，运行灵活；每端换流站采用对称双极带金属回线接线，不设接地极；正、负极线路两侧均装设直流断路器，可在 3 毫秒内开断 25 千安直流电流，以实现线路故障穿越；模块化多电平换流器子模块采用半桥拓扑结构，功率器件采用 4.5 千伏 /3 千安压接型 IGBT；直流线路采用架空线，极线与金属回线全线共塔架设。

该工程包括张北、康保、丰宁和北京 4 座换流站，直流电压为 ±500 千伏，换流容量共 9000 兆瓦，线路长度约 650 千米，工程已于 2017 年底获得国家发展改革委核准，即将开工建设。该工程的建设对于实现弱送端系统条件下清洁能源大规模送出，保障 2022 年冬奥会场馆安全可靠供电，实现"低碳奥运、绿色奥运"，推动柔性直流电网关键技术和装备创新等方面均具有十分重要的意义。

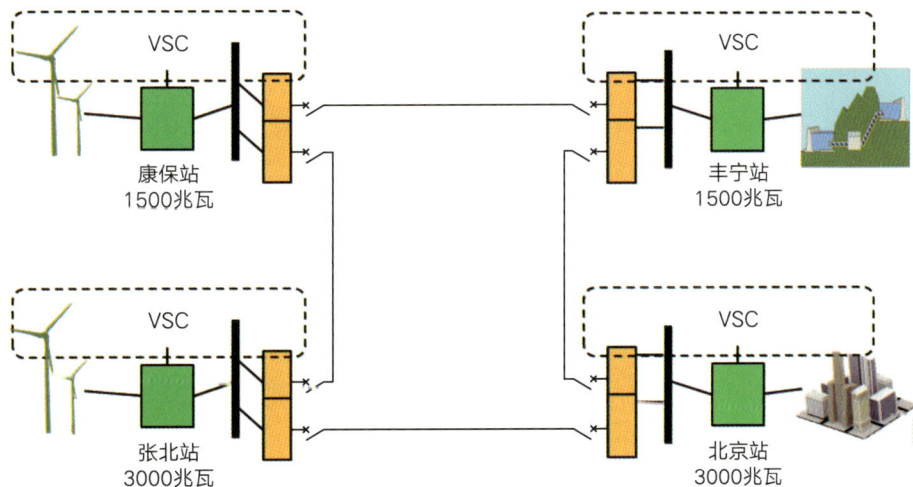

张北柔性直流电网试验示范工程示意图

换流站设计效果图

照片来源：西南、中南、浙江、福建等电力设计院

2.2 机械式高压直流断路器技术

机械式高压直流断路器主要由传统的交流断路器断口、LC谐振支路和MOV阻尼支路等3个并联分支回路构成，通过产生谐振为断口制造电流过零点，从而实现直流电流的开断。

机械式直流断路器分为无源型和有源型两大类。无源型的谐振支路电容C无初始储能，开断电流时谐振支路依靠断口电弧电压的负电阻特性产生谐振制造电流过零熄弧，由于依靠电弧电压建立振荡过零的时间较长，开断电流的时间一般为16~40毫秒，开断电流的能力一般在6千安以下。有源型的谐振支路电容C有初始电压，依靠电容C的能量产生谐振制造电流过零熄弧，若谐振频率足够高、断口分闸及绝缘强度恢复速度足够快，则有源型机械式直流断路器开断电流的时间可以控制在几毫秒内。

2017年12月20日，世界首套 ±160千伏机械式高压直流断路器在广东南澳多端柔

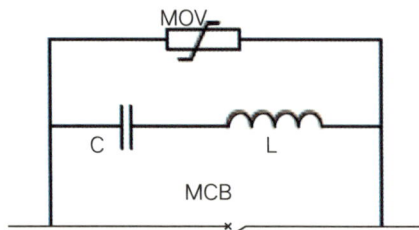

无源型直流断路器示意图   有源型直流断路器示意图

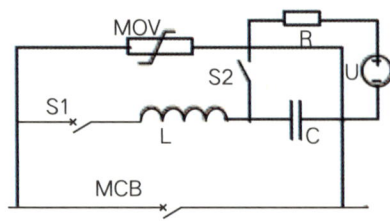

性直流输电工程中成功带电投运。该直流断路器可以在 5 毫秒内断开 9 千安的故障电流，它是全国完全自主研制的用于柔性直流输电的首套机械式高压直流断路器，其成功投运是全国在直流输电领域持续创新的又一重要里程碑。

±160 千伏机械式直流断路器工程实景图

图片来源：广东省电力设计研究院

2.3 输变电工程三维数字化设计技术

电网三维数字化技术一方面是将工程信息数字化，进行存储、共享、集成、仿真；另一方面是构建"虚拟现实"三维场景，实现可视化设计，对接数字化制造和建造。三维数字化技术可实现各专业间的信息共享、协同设计，提高设计精细化水平，服务全产业链、全寿命周期应用。电网三维数字化技术的关键技术主要包括以下几部分：

◎ **数据库与建模技术。**分析并存储地理地形地质数据，搭建设备、构件、材料的基础数据模型。

◎ **三维设计技术。**包括杆塔自动排位、三维布置设计、环境模拟分析等。

◎ **协同设计技术。**包括碰撞检查、二三维一致性校验、三维空间校验等。

◎ **自动出图技术。**包括三维效果图展示、自动生成二维图纸、工程量自动统计等。

◎ **数据全过程应用技术。**包括数字化移交、施工数字化模拟、设备物资数字化管理等。

从 2010 年起，电网行业就开始积极的推动和引用三维数字化技术，开展了三维数字化移交、设计、规范制定等一系列相关工作。2017年，国网输变电工程设计竞赛选取 14 项 220~1000 千伏各类典型输变电工程开展三维数字化设计工程试点，包括枣庄 1000 千伏变电站、石家庄—潍坊 1000 千伏线路、苏通 GIL 综合管廊、张北可再生能源柔性直流电网示范工程以及 5 个 220~750 千伏常规变电站工程和 5 条 220~750 千伏常规线路工程。所有试点工程执行统一的技术标准，在工程实践中引领技术创新，深化三维技术应用。

石家庄—潍坊 1000 千伏 线路风偏条件下铁塔安全距离校验

图片来源：浙江省电力设计院

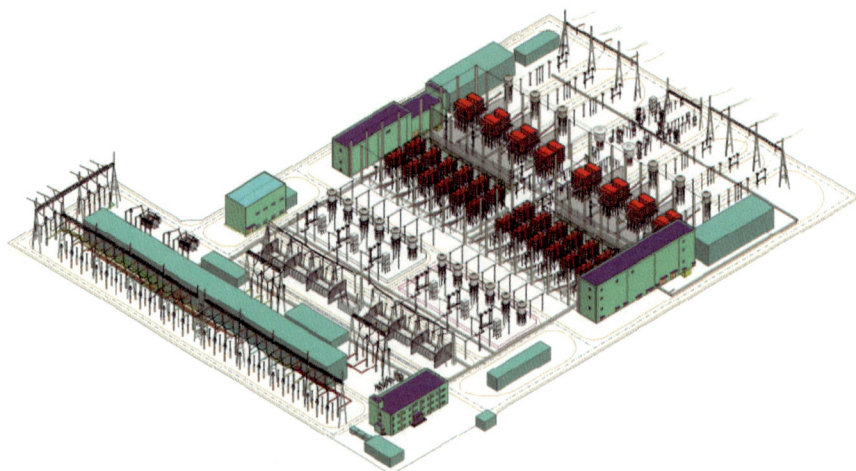

张北柔直丰宁换流站轴测视图

图片来源：西南电力设计院

2.4　500 千伏统一潮流控制器（UPFC）技术

统一潮流控制器（Unified Power Flow Controller，UPFC）是最有代表性的柔性交流输电装置，包括了电压调节、串联补偿和移相控制等功能，可以同时快速控制输电线路中的有功功率和无功功率，兼有电压调节功能。

UPFC的工程应用是柔性交流输电技术发展的重要里程碑。2017年12月底，世界电压最高、容量最大的UPFC工程在苏州南部500千伏电网建成投运，新建3组换流器，其中串联侧容量为2×250兆伏安、并联侧容量为1×250兆伏安，额定直流电压为±90千伏，额定直流电流1000安。3组换流器均采用三相全桥式全控换流器，有功功率调节范围为 –180~180兆瓦，无功功率调节范围为 –250~250兆乏。该工程在世界范围内首次实现500千伏电网潮流的灵活、精准控制。

苏南 500 千伏 UPFC 工程

（图片来源：江苏省电力设计院）

2.5　交流海底电缆技术

海底电缆是岛屿间跨海域电力传输的重要手段，也可用于横穿江河湖泊以及海上风电、钻井平台等电力传输。

海底电缆工程建设主要涉及工程设计、路由选择、制造及运输、海缆敷设、海缆保护等。

海底电缆工程的建设，受海洋环境、施工设备等条件的限制，对电缆长度、电缆接头、电缆寿命等参数都有特殊要求，电缆制造技术难度高、工程建设技术复杂。

从类型上看，海底电缆主要有自容式充油电缆、交联聚乙烯电缆、乙丙橡胶绝缘海底电缆、浸渍纸包电缆等类型。在高压及超高压领域，主要采用自容式充油电缆，近年来交联聚乙烯（XLPE）电缆逐渐在海底电力传输工程中应用。目前，全国高压与超高压海底交流电缆已实现了国产化。

南方主网与海南电网联网二回工程

南方主网与海南电网联网二回工程联网方式为交流 500 千伏，远期具备直流能力，联网规模为 60 万千瓦。电缆路由长度为 30.5 千米，采用 4 根自容式充油电力电缆（SCOF），截面为 800 平方毫米。工程于 2016 年 1 月开工建设，预计 2019 年 1 月建成投产。

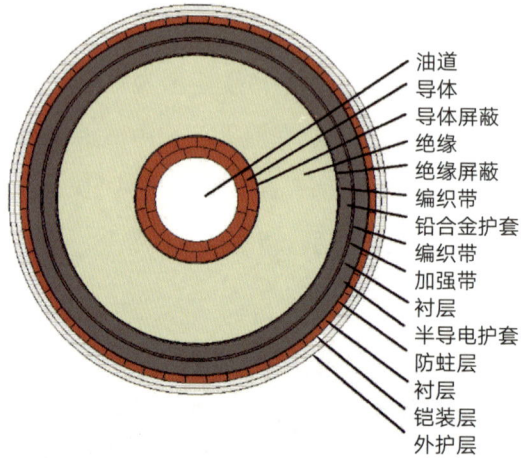

油道
导体
导体屏蔽
绝缘
绝缘屏蔽
编织带
铅合金护套
编织带
加强带
衬层
半导电护套
防蛀层
衬层
铠装层
外护层

自容式充油海底电缆

浙江舟山 500 千伏联网输变电工程

浙江舟山 500 千伏联网输变电工程采用国际首次研发成功的 500 千伏交联聚乙烯绝缘海缆系统。舟山 500 千伏交流海缆输电工程起自宁波镇海海缆终端站，止于舟山海缆终端站，海底电缆路由长度 17 千米，海底电缆长度 17.7 千米，每根海缆设置中间接头不超过 2 个。工程采用交流 500 千伏单芯交联聚乙烯海底电缆，截面为 1800 平方毫米，输送能力 110 万千瓦。工程于 2016 年 12 月 28 日开工建设，计划 2018 年 12 月建成投产。

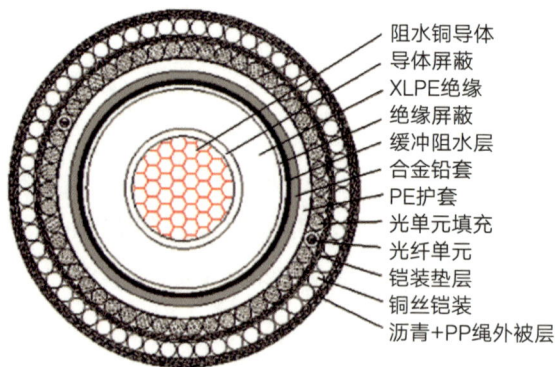

阻水铜导体
导体屏蔽
XLPE绝缘
绝缘屏蔽
缓冲阻水层
合金铅套
PE护套
光单元填充
光纤单元
铠装垫层
铜丝铠装
沥青+PP绳外被层

交联聚乙烯绝缘海底电缆

2.6 交直流混合配电网技术

交直流混合配电网是指包含交流网络和直流网络的配电网络，一般由多个柔性互联装置、分布式发电单元、负荷单元以及储能单元组成，通过控制电力电子装置和传统配电网调节装置，高效接纳直流电源和直流负荷，提高分布式能源消纳水平、能源利用率及供电电能质量，具有与直流负荷、变频电器相兼容的优势。

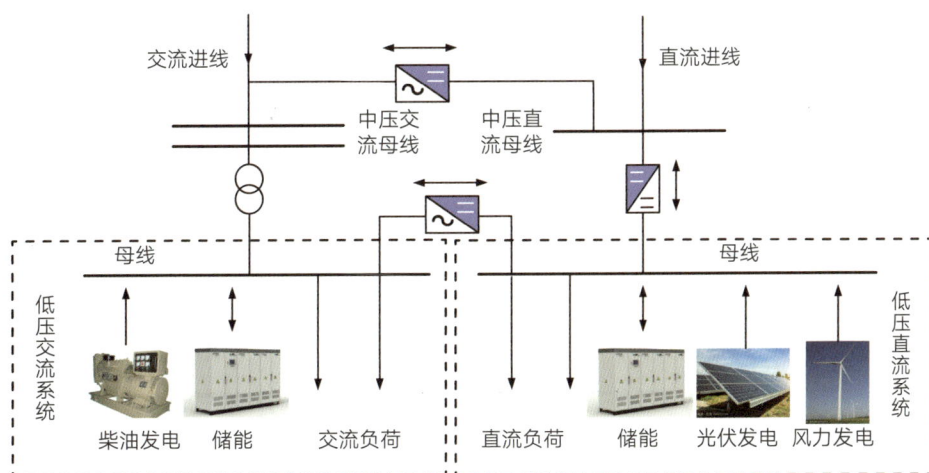

交直流混合配电网示意图

深圳柔性直流配电示范工程

该示范工程采用双电源"手拉手"式的网络拓扑结构。以110千伏碧岭变电站和110千伏丹荷变电站作为主电源，使用柔直换流阀从2个变电站的10千伏母线侧吸纳功率，满足直流系统供电负荷的用电要求；同时，采用柔直换流阀和单向DC/AC变换器分别作为交流微网和交流敏感负荷的接口换流器。该工程提高了光伏发电的消纳能力以及储能电站的利用率，从整体上改善该区域内分布式电源和储能系统运行的经济性。

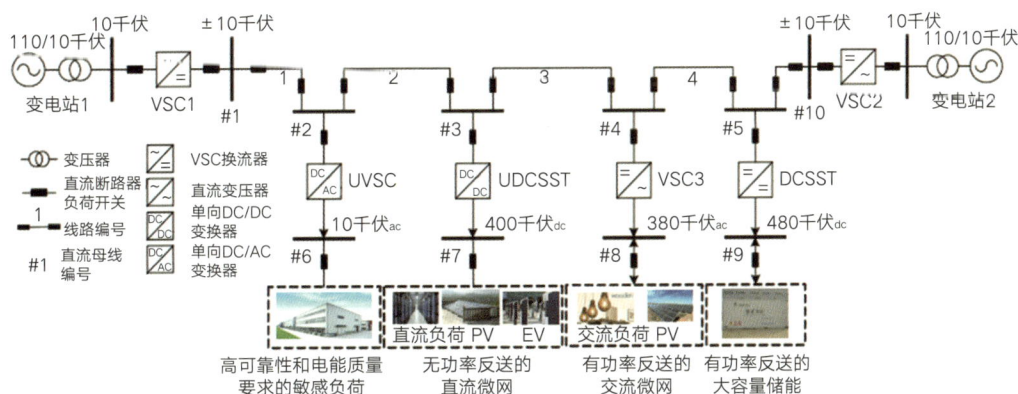

深圳柔性直流配电示范工程示意图

图片来源：《深圳柔性直流配电示范工程技术方案研究》

杭州江东新城智能柔性直流配网示范工程

　　该工程为国内首次实现中压柔性交直流混合配电网的示范工程,该工程新建一座柔性直流换流站,并采用柔性直流配网技术将10千伏供电区、20千伏供电区、直流负荷及新能源电源互联。该工程可以满足该地区高端制造业特定负荷和2022年亚运会重要场馆对供电可靠性的要求,并解决直流负荷和新能源分布式电源的接入控制。

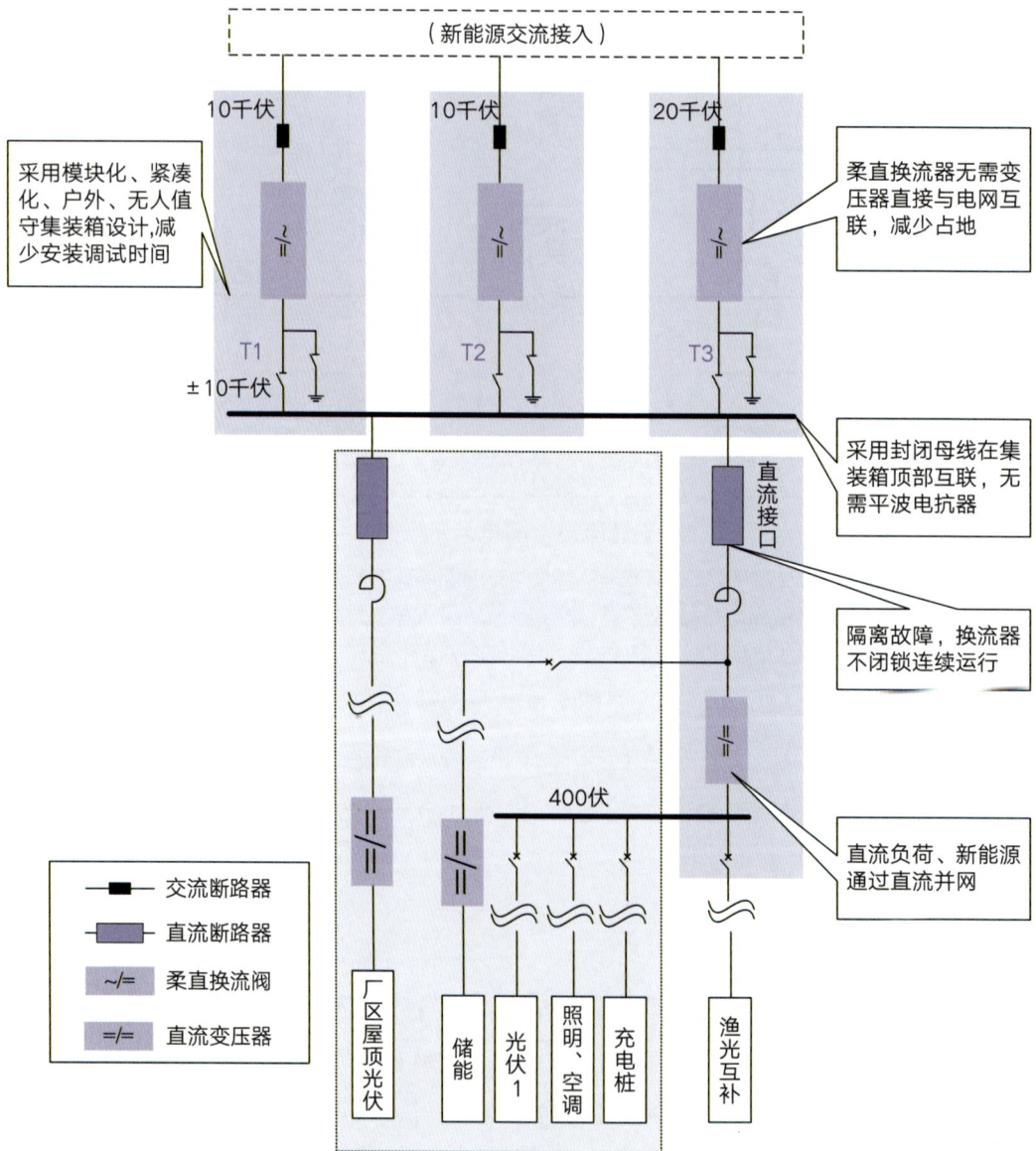

杭州江东新城智能柔性直流配网示范工程方案示意图

图片来源:浙江省电力科学研究院

2.7 配网柔性直流互联技术

配网柔性直流互联是基于柔性直流输电技术，利用其潮流反转而直流电压保持不变的特点，构建成多端直流输电系统，实现多电源供电和多落点受电。该技术具有闭环运行、柔性调节、快速调节、精准调节等特征，并具有优化潮流调节能力、较低电网损耗、提高暂态电压稳定性、增强对分布式电源及波动负荷的消纳能力、提高供电可靠性等优势。

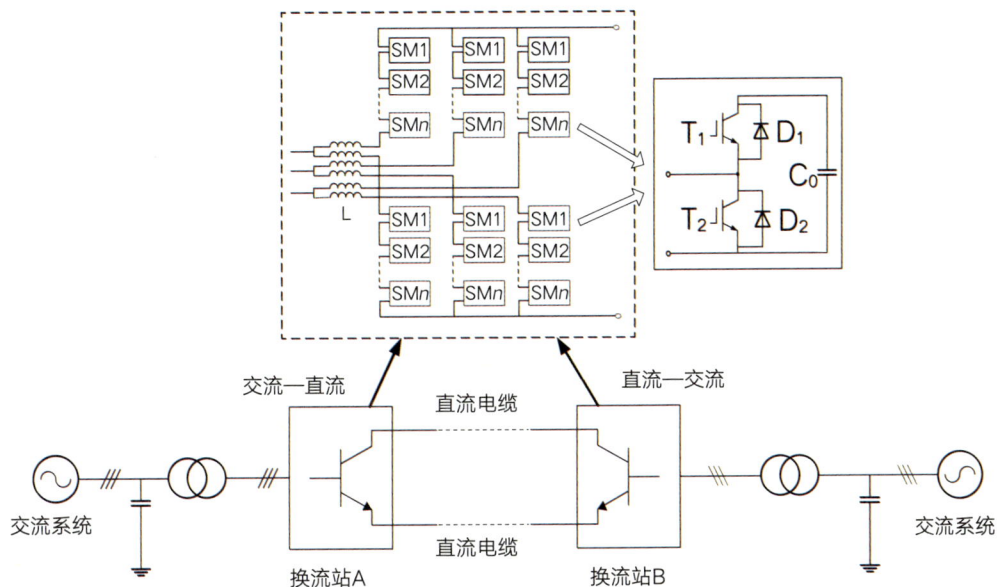

配网柔性直流互联技术示意图

北京延庆多源协同的主动配电网示范工程

该示范工程通过三端柔性环网控制装置实现康庄变电站I段母线、康庄变电站II段母线及东曹营变电站I段母线之间的柔性互联，实现合环运行及负荷连续转移，提高了供电可靠性和设备利用率；实现全局优化，支持分布式能源的灵活接入。

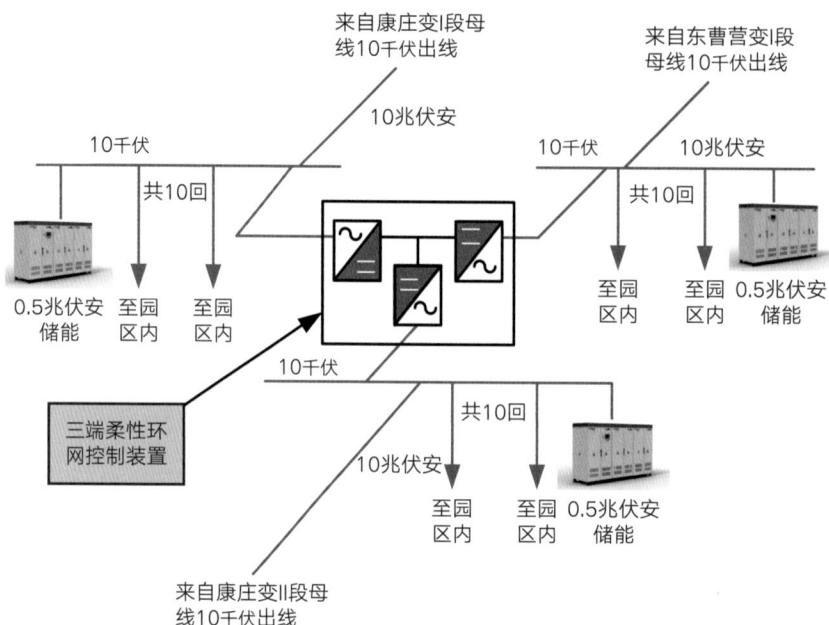

北京延庆多源协同的主动配电网示范工程架构图

图片来源：国网北京市电力公司

苏州高可靠性配电网示范工程

该示范工程基于四端口柔性接口，建立柔性开关站，实现园区变电站I段母线、园区变电站II段母线、金鸡湖变电站I段母线及金鸡湖变电站II段母线之间的柔性互联，形成电缆双环网合环运行，该环网具有灵活的拓扑结构，可以根据负荷需求构成任意两线路、三线路、四线路联络式结构，灵活控制各个母线之间的潮流分配，实现均衡负荷和连续负荷转移能力；同时可以隔离各端交流系统的故障，防止故障扩大化，提高20千伏配电网供电可靠性。

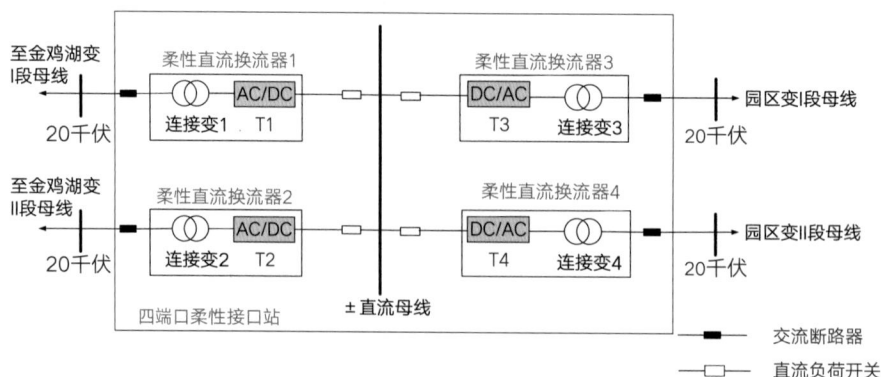

苏州高可靠性配电网示范工程四端口柔性直流主接线方案

图片来源：国网江苏省电力公司

3 源－网－荷互动技术

3.1 多能互补集成优化技术

传统体制中，电、热、水、气等分属不同部门管辖，这样不利于整体规划和实施，各能源品种"单兵作战"既难以满足新时代用户多样化的个性需求，又不利于降本增效。多能互补集成优化就是将需求侧与供给侧深度融合、统筹优化，技术创新和体制改革为之"护航"，实现清洁高效的多能协同供应和综合利用，其所倡导的融合、统一、高效、清洁理念是当今能源革命的方向。

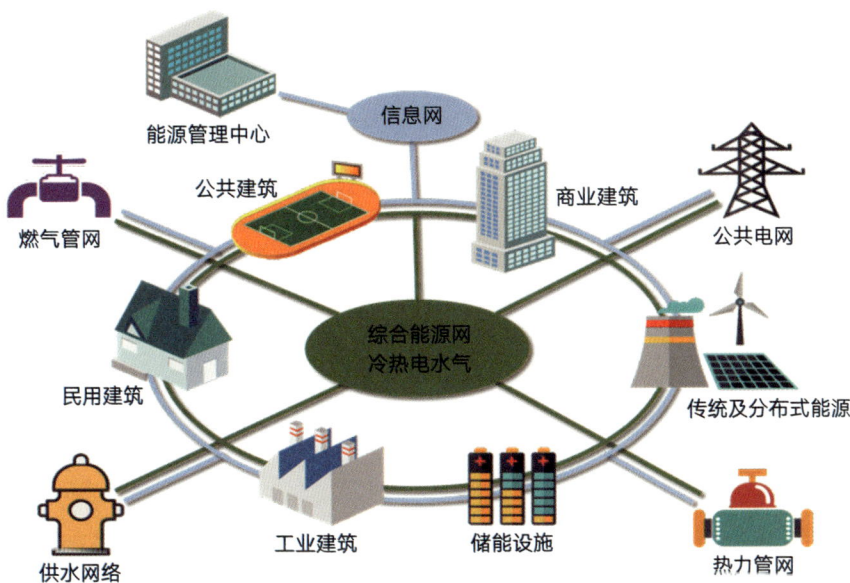

多能互补集成优化示意图

多能互补集成优化尤为强调源－网－荷互动，本质上是综合能源服务商通过用户用能需求分析，结合各供能系统的固有生产成本、转换效率以及外部能源交易价格信号，选择整个系统能源生产成本最低、用户用能成本最低的组合方式，以此满足用户的各类用能需求。

鲁能海西国家多能互补集成优化示范工程

该工程是国家首批多能互补集成优化示范项目之一，是集风电、光伏、光热、储能于一体的基地类科技创新项目，具有较强的可复制性、引领性。该项目由风电场、光伏电站、光热电站、储能电站、汇集站和多能互补运行调控中心等构成，通过采用联合调度技术，可以实现风光热储全景监视和可视化展示、联合数据采集及通信、有功无功协调控制、日前计划编制及多维度系统评价等功能。通过联合运行，可有效减轻电网调峰压力，大幅降低弃风、弃光比例。该项目于 2017 年 6 月开工建设，2017 年 12 月 29 日，鲁能青海海西多能互补集成优化示范工程中 200 兆瓦光伏发电项目和 400 兆瓦风电项目并网发电，整个项目预计于 2018 年底全部建成。

协鑫苏州工业园区多能互补示范工程

该工程是国家首批多能互补集成优化示范项目之一，是终端一体化集成供能系统，具有较强的示范作用。该工程涉及分布式天然气、分布式光伏发电、储能装置、微型风力发电等能源品种。分布式天然气发电机组年可发电量约 1500 万千瓦时，供应热/冷 1500 万千瓦时；分布式光伏发电年可发电量约 1200 万千瓦时；微型风力发电机组可发电 3 万千瓦时，储能年可充放电量约 554 万千瓦时。全部正常运行后，在一次能源构成中非化石能源占比可达到 44%，清洁能源利用率可达 100%。

3.2 "互联网 +"智慧能源技术

"互联网 +"智慧能源是指以电力系统为核心纽带，将互联网与能源生产、传输、存储、消费以及能源市场深度融合，构建多类型能源互联网络，实现横向多源互补、纵向"源—网—荷—储"协调、能源与信息高度融合的新型能源体系。其中，"源"是指煤炭、石油、太阳能、风能等能源；"网"是指天然气管道网、石油管道网以及电力网络等能源传输网络；"荷"和"储"是指各种能源需求和存储设施。同时，"互联网 +"智慧能源具备设备智能、多能协同、信息对称、供需分散、系统扁平、交易开放、能量流和信息流双向流动等主要特征。

江苏丹阳产业园区互联网 + 智慧电源系统应用示范项目

该项目为园区类项目，位于天工国际产业园区，项目总建设容量为 100 兆瓦时，目前已完成第一期工程建设，其规模功率为 1 兆瓦，容量为 8 兆瓦时，并建设能提供 320 千瓦安全稳定电源的智慧型储能电站一座；第二期工程预计建设规模为 11.5 兆瓦，容量为 92 兆瓦时。该项目利用逆变器级联技术、柔性软开关技术、即插即用多端口技术构建分布式能源路由器，完成储能、光伏、用户、电网之间的互联；建立综合能源服务平台，分析客户的用电变化情况和储能系统运行情况，及时向客户提出运行优化建议，同时参与需求侧响应，调节储能系统运行策略，提高电网安全性和稳定性。

湖州长兴新能源小镇"源网荷储售"一体化能源互联网示范项目

该项目为高可靠灵活性资源示范项目，在 3.3 平方公里的范围内，拟投资 2.9 亿元，围绕"1 个平台、5 个子项"的总体框架，并通过分布式光伏发电、储能、冷热能源站、电动汽车充电设施等多种灵活性资源开展能源互联网建设。其中分布式光伏发电建设规模为 15 兆瓦，储能站容量为 6 兆瓦 /42 兆瓦时、冷热能源站总装机容量达 2040 万大卡，并为 80 户工商业大用户和 200 户居民用户自动需求响应等柔性负荷控制，提供用户用能数据监测、分析，实现电力负荷参与电网削峰填谷。

七

电力经济

1 电源工程造价及分析

1.1 2017 年度电源工程参考造价

基于 2017年价格水平，统计分析 2017年各类电源新建工程参考造价指标如下：

各类电源工程 2017 年参考造价指标　　单位：元／千瓦

电源类型	类别	造价指标
燃煤发电工程	2×350 兆瓦	4051
	2×660 兆瓦	3512
	2×1000 兆瓦	3234
燃机发电工程	2×300 兆瓦等级（9F 纯凝）	2160
	2×300 兆瓦等级（9F 供热）	2283
	2×180 兆瓦等级（9E 级）	2812
核电工程	二代改进型	12000~13000
	三代	16000~17000
水电工程	常规水电工程（除西藏）	14620
	抽水蓄能电站	6132
风电工程	陆上风电	7500~8200
	海上风电	15000~17000
光伏发电工程	全国（除西藏）	6200~6800
光热发电工程	—	26000~30000

数据来源：《火电工程限额设计参考造价指标（2017）》、《中国电力技术经济发展研究报告（2017）》、核电工程、风电工程、光伏及光热发电工程初步设计概算

1.2 未来三年概算造价水平预测

根据"十二五"期间及 2016、2017年电源造价情况，结合技术进步因素、电力市场供需水平以及行业政策引导等因素的影响，对未来三年造价趋势进行预测。

受到大宗商品涨价的影响，2017年煤电工程概算单位造价较上年增加2.4%。考虑到未来三年煤电市场规划建设规模显著减少，预测2018~2020年煤电工程造价水平降幅约为3%。

2018~2020年煤电工程概算单位造价水平变化趋势预测（元/千瓦）

2017年受到大宗商品上涨与主设备降价影响，燃机发电工程概算单位造价下降1.4%。考虑到未来三年燃机市场变化与技术进步，预测2018~2020年燃机发电工程造价水平降幅约为6%。

2018~2020年燃机发电工程概算单位造价水平变化趋势预测（元/千瓦）

2017年受到开发成本上涨影响，水电工程概算单位造价增加6.7%。考虑到未来三年新增水电项目开发难度增大、移民安置补偿费用不断增加，预测2018~2020年水电工程造价水平增幅约为8%。

2018~2020年水电工程概算单位造价水平变化趋势预测（元/千瓦）

2017年受到主要设备降价影响，风电工程概算单位造价下降 1.9%。考虑到未来三年风电项目新增装机呈下降趋势，预测 2018~2020年风电工程造价水平降幅约为 5%。

2018~2020年风电工程概算单位造价水平变化趋势预测（元/千瓦）

2017年受设备价格下降影响，光伏工程概算单位造价下降 26%。考虑到未来三年光伏项目新增装机呈下降趋势，预测 2018~2020年光伏工程造价水平降幅约为 7%。

2018~2020年光伏工程概算单位造价水平变化趋势预测（元/千瓦）

鉴于核电行业的发展趋势，三代核电机组将取代二代改进型成为建设主流，核电造价水平也将由二代改进型 1.3万元/千瓦左右，变化至三代核电 1.6~1.7万元/千瓦。

随着三代核电示范项目相继投产，以及未来三年三代核电工程陆续核准，考虑技术进步与建设规模对市场供需变化的影响，预测 2018~2020年三代核电工程造价水平与目前基本持平。

三代核电工程造价水平与目前基本持平，预计未来 3 年基本持平

2　电网工程造价及分析

2.1　2017年度电网工程参考造价

基于2017年价格水平，统计分析2017年输变电新建工程参考造价指标如下：

输电线路工程2017年单位造价参考指标　　单位：万元/千米

电压等级	回路数	导线规格	单位造价
1000千伏	双回	8×JL/G1A−630/45	1101
±800千伏	双极	6×JL/G3A−1000/45 6×JL/G2A−1000/80	383
750千伏	双回	6×JL/G1A−500/45	520
	单回	6×JL/G1A−400/50	246
500千伏	双回	4×JL/G1A−630/45	351
	单回	4×JL/G1A−630/45	190
330千伏	双回	2×JL/G1A−300/40	166
	单回	2×JL/G1A−300/40	95
220千伏	双回	2×JL/G1A−400/35	137
	单回	2×JL/G1A−400/35	80
110千伏	双回	2×JL/G1A−300/40	115
	单回	2×JL/G1A−300/40	63

数据来源：《电网限额控制指标》，结合技术条件综合调整

变电工程2017年单位造价参考指标　　单位：元/千伏安、元/千瓦

电压等级	建设规模	技术方案	单位造价
1000千伏	2×3000兆伏安	GIS	281
±800千伏	8000兆瓦	GIS	543
750千伏	1×2100兆伏安	罐式断路器	248
	1×2100兆伏安	GIS	294
500千伏	1×750兆伏安	柱式断路器	217
	2×1000兆伏安	罐式断路器	118
	2×1000兆伏安	GIS	113
	2×1000兆伏安	HGIS	120

续表

电压等级	建设规模	技术方案	单位造价
±500 千伏	3000 兆瓦	柱式断路器	503
	3000 兆瓦	GIS	501
330 千伏	1×240 兆伏安	柱式断路器	418
	1×240 兆伏安	罐式断路器	454
	2×360 兆伏安	GIS	210
220 千伏	2×180 兆伏安	柱式断路器	243
	2×240 兆伏安	GIS	184
110 千伏	1×150 兆伏安	柱式断路器	318
	2×150 兆伏安	GIS	240

2.2 未来三年造价水平预测

根据"十二五"期间及 2016 年、2017 年电网造价情况，结合物价变化、政策引导与技术进步等因素对电网工程造价水平的影响，对 2018~2020 年造价水平进行预测。

2017 年线路工程造价由于导线、塔材以及地方性材料价格上涨，单位造价水平比 2016 年增加。考虑到政策因素与市场供需状况，预测 2018~2020 年线路工程单位造价水平将有所上升，各电压等级线路工程的上涨区间在 3%~5%。

> 线路工程造价水平呈现上涨趋势，未来 3 年预计上涨 3%~5% 左右

2018~2020年线路工程单位造价变化趋势预测（万元/千米）

F 变电工程造价水平呈现下降趋势，未来3年预计下降约2%~3%

2017年变电工程造价由于主要设备价格的下降，单位造价水平比2016年降低。考虑物价波动与技术进步的影响，预测2018~2020年变电工程单位造价水平整体将有所下降，各电压等级变电工程下降区间在2%~3%。

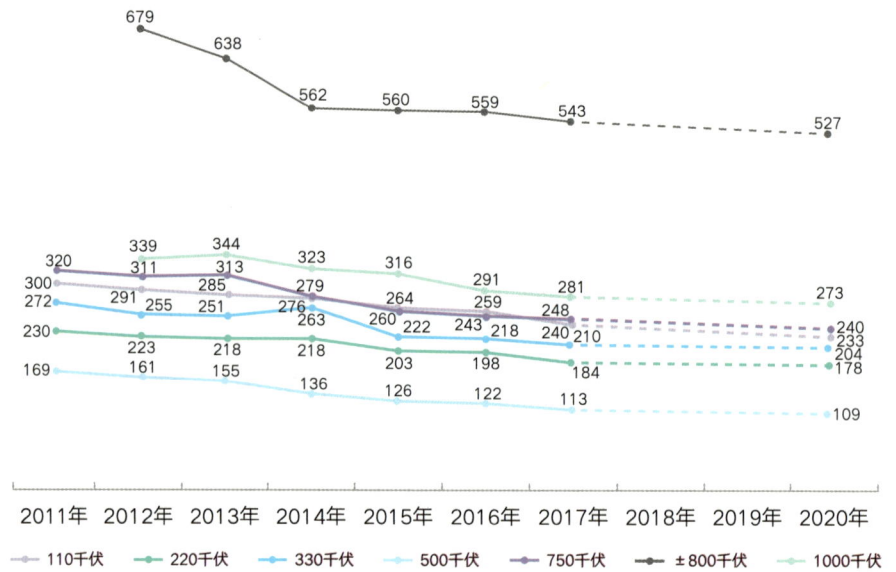

2018~2020年变电工程单位造价变化趋势预测（元/千伏安）

1 改革进展

1.1 输配电价改革进展与成效

截至 2017年12月，除西藏外全部省(区、市)完成省级电网输配电价成本监审并发布输配电价核定水平。其中2017年发布的省(区、市)包括北京、陕西、广西、冀南、冀北、天津、山西、湖南、江西、重庆、四川、河南、辽宁、吉林、新疆、浙江、福建、山东、海南、江苏、甘肃、青海、上海、黑龙江、广东。

省级电网输配电价公布情况　　　　　单位：元／千瓦时

| 省份 | 电价周期 | 大工业用电输配电价（含税、交叉补贴及线损） | | | | | 发布时间 |
		330千伏	220千伏	110千伏	35千伏	1~10千伏	
北京	2017~2019	—	0.1493	0.1508	0.1751	0.1956	2017.1
陕西	2017~2019	0.1034	0.1034	0.1084	0.1284	0.1484	2017.1
广西	2017~2019	—	0.0793	0.0993	0.1243	0.2702	2017.1
冀南	2017~2019	—	0.1371	0.1421	0.1571	0.1721	2017.2
冀北	2017~2019	—	0.0940	0.0990	0.1140	0.1290	2017.2
天津	2017~2019	—	0.1723	0.1772	0.1774	0.2052	2017.2
山西	2017~2019	—	0.0588	0.0688	0.0888	0.1188	2017.2
湖南	2017~2019	—	0.11534	0.13934	0.16734	0.19634	2017.2
江西	2017~2019	—	0.1335	0.1435	0.1585	0.1735	2017.6

续表

省份	电价周期	大工业用电输配电价（含税、交叉补贴及线损）					发布时间
		330千伏	220千伏	110千伏	35千伏	1~10千伏	
重庆	2017~2019	—	0.1309	0.1459	0.1632	0.1859	2017.7
四川	2017~2019	—	0.1090	0.1350	0.1727	0.1998	2017.7
河南	2017~2019		0.1757	0.1837	0.1987	0.2137	2017.7
辽宁	2017~2019	—	0.0967	0.1067	0.1197	0.1327	2017.7
吉林	2017~2019	—	0.1236	0.1386	0.1536	0.1686	2017.7
新疆	2017~2019	—	0.1100	0.1300	0.1520	0.1740	2017.7
浙江	2017~2019		0.1576	0.1626	0.1846	0.2146	2017.8
福建	2017~2019	—	0.0961	0.1161	0.1361	0.1561	2017.8
山东	2017~2019	—	0.1331	0.1481	0.1631	0.1781	2017.8
海南	2017~2019	—	0.1247	0.1345	0.1362	0.1897	2017.8
江苏	2017~2019	—	0.168	0.183	0.198	0.213	2017.9
甘肃	2017~2019	—	0.1197	0.1287	0.1599	0.1699	2017.9
青海	2017~2019	—	0.0823	0.0823	0.0923	0.1023	2017.10
上海	2017~2019	—	0.3772	0.3772	0.3957	0.4214	2017.10
黑龙江	2017~2019	—	0.1092	0.1342	0.1468	0.1680	2017.10
广东	2017~2019	—	0.0871	0.1121	0.1121	0.1371	2017.11

数据来源：相关省（区、市）物价管理部门

通过开展 32 个省级电网成本监审，共核减与输配电业务不相关、不合理费用约 1200 亿元，核减准许收入约 480 亿元。2017年全国省级电网平均输配电价水平较之核定前平均购销差价降低约 0.01元 /千瓦时。

2017年 12月，国家发展改革委员会发布了《区域电网输电价格定价办法》、《跨省跨区专项工程输电价格定价办法》及《关于制定地方电网和增量配电网配电价格的指导意见》，加之 2016年发布的《省级电网输配电价定价办法》，初步建立了明晰完备的输配电价规则体系。目前华北、华东、华中、东北、西北区域电网输电价格已经公布，宁东、哈郑、向上、宾金、西电东送等专项输电工程已启动输电价格核定工作。

核减输配电业务无关资产，推动输配电价降低

输配电业务准许收入降低
480 亿元

2016 年
260 亿元

输配电价规则体系初步建立

1.2　电力市场建设进展与成效

截至 2018年 1月，全国 35个电力交易中心中贵州、广州、昆明、内蒙古、北京、山西、广西、江苏、甘肃、陕西、安徽、上海、吉林、辽宁、新疆、山东、广东、河南、四川、青海、重庆、湖南、湖北、黑龙江、宁夏成立了电力市场管理委员会。管理委员会委员由发电企业、电网企业、售电企业、用户和交易中心组成，按照制定的章程和议事机制参与市场规则、市场交易等管理。

26 家市场管理委员会成立

电力交易中心
35 个
市场管理委员会
26 家

2016 年电力交易中心
33 个
市场管理委员会
10 家

电力市场管理委员会成立情况

交易中心	交易中心成立时间	市场管理委员会成立时间
贵州电力交易中心	2015.11	2016.4
广州电力交易中心	2016.3	2016.8
昆明电力交易中心	2016.9	2016.8
蒙西电力交易中心	2016.4	2016.9
北京电力交易中心	2016.3	2016.10

续表

交易中心	交易中心成立时间	市场管理委员会成立时间
山西电力交易中心	2016.9	2016.10
广西电力交易中心	2016.6	2016.10
江苏电力交易中心	2016.4	2016.11
甘肃电力交易中心	2016.5	2016.11
陕西电力交易中心	2016.5	2016.12
安徽电力交易中心	2016.5	2017.2
上海电力交易中心	2016.5	2017.3
吉林电力交易中心	2016.4	2017.5
蒙东电力交易中心	2016.4	2017.5
辽宁电力交易中心	2016.5	2017.6
新疆电力交易中心	2016.3	2017.6
山东电力交易中心	2016.4	2017.7
广东电力交易中心	2016.6	2017.7
河南电力交易中心	2016.5	2017.8
四川电力交易中心	2016.5	2017.8
青海电力交易中心	2016.4	2017.9
重庆电力交易中心	2016.9	2017.9
湖南电力交易中心	2016.6	2017.9
湖北电力交易中心	2017.1	2017.12
黑龙江电力交易中心	2016.4	2018.1
宁夏电力交易中心	2016.4	2018.1

数据来源：相关电力交易中心

2017年除西藏、海南外，各省（区、市）均常态化开展了电力市场化中长期交易，其中云南、四川、广东等省（区、市）中长期电能量交易机制进一步优化，交易周期不断优化延伸，形成了"年、月、日前"的交易周期体系，边际出清的集中竞价交易呈快速发展态势。部分省（区、市）省内发电权和省间新能源发电权交易全面铺开。9个地区调峰调频辅助服务交易初见成效，提高了煤电企业参与调峰积极性。

> **常态化运营的中长期交易局面基本形成，调峰调频等市场化交易成效初显**

典型省（区、市）电力市场化交易规则

（一）中长期交易			
地区	**交易方式**	**地区**	**交易方式**
云南	年度：双边交易，合同互保 月度：集中竞价，双边交易 日前：不平衡电量交易	四川	年度：双边协商、复试竞价 月度：复试竞价 周：不平衡电量交易
广东	年度：双边交易 月度：集中竞价	重庆	年度：双边交易 日前：不平衡电量交易
山东	年度：双边协商、集中撮合、挂牌 月度：集中竞价	江苏	年度：双边交易 月度：集中竞价
陕西	年度：双边协商 季度：集中竞价	广西	年度：双边交易 月度：集中竞价
湖南	年度：双边交易、挂牌交易 月度：双边交易、集中竞价	江西	年度：场内和场外双边交易

（二）辅助服务交易			
地区	**交易品种**	**地区**	**交易品种**
东北	日前：调峰	山东	日前：调峰
新疆	日前：调峰	山西	周：调频 日前：调峰
新疆	日前：调峰		
福建	日前：调峰	甘肃	日前：调峰
宁夏	日前：调峰	广东	日前：调频

2017年全国电力市场主体规模快速发展，国家电网公司经营范围内市场主体规模达到5.57万家，其中发电企业2.72万家，电力用户2.63万家，售电公司2233家；南方电网公司经营范围内市场主体规模达到1.5万家，其中发电企业1500家，电力用户1.3万家，售电公司520家。

2017年全国电力市场化交易电量约16300亿千瓦时，占全社会用电量的26%，高出2016年水平7个百分点，其中省内电力市场化交易电量约13400亿千瓦时，跨省跨区电力市场化交易电量约2900亿千瓦时。

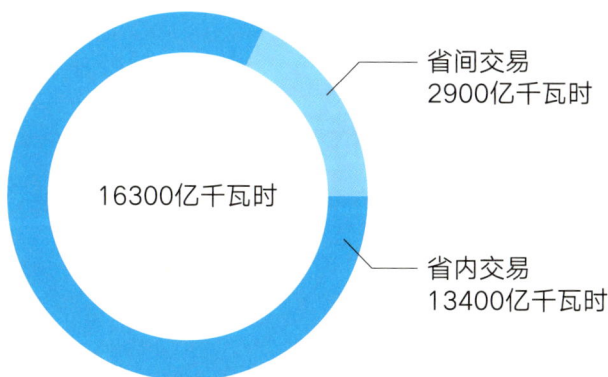

全国市场化交易电量规模（亿千瓦时）

数据来源：国家发展改革委员会

电力市场化交易电量前三位地区为内蒙古、江苏、广东，分别达到1996、1265、1156亿千瓦时；电力市场化交易电量占地区全社会用电量比例前三位地区为内蒙古、云南、贵州，分别达到69%、46%、30%。

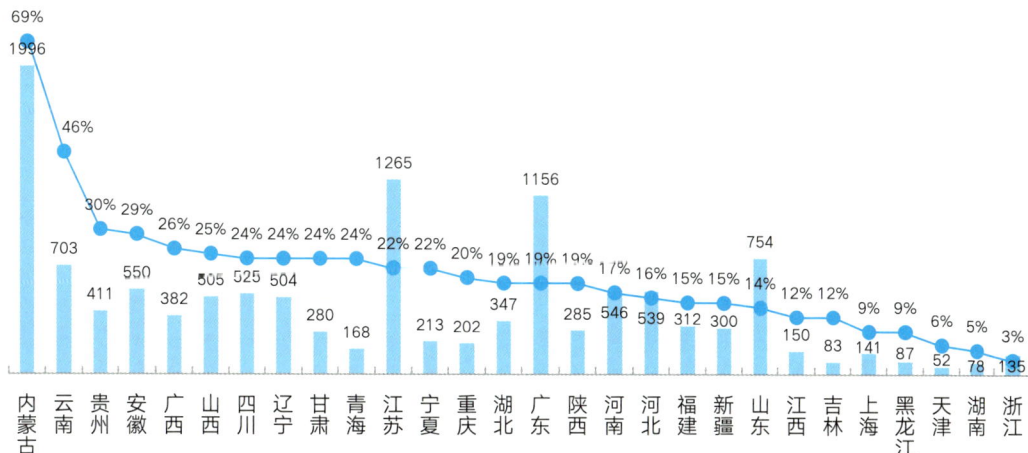

典型省份省内市场化交易电量规模（亿千瓦时）

数据来源：国家发展改革委员会

电力市场主体规模快速发展

市场主体规模
7万家

2016年
约**1.5万家**

电力市场化交易规模持续扩大

市场化交易电量
16300亿千瓦时

占全社会用电量比例
26%

2016年市场化交易电量
10000亿千瓦时

占全社会用电量比例
19%

国家确定了南方（以广东起步）、蒙西、浙江、山西、山东、福建、四川、甘肃 8 个电力现货市场建设试点省份，按照"成熟一个、发展一个"原则，稳妥推进电力现货市场落地运行。同时，启动电力现货市场运营系统功能规范编制，作为建设试点省份指导性文件。此外，国家电力调度控制中心开展了跨区域省间富余可再生能源电力现货交易试点，2017年交易电量超过 60亿千瓦时。

1.3　配售电改革进展与成效

截至 2017年 12月，第一批 106 个增量配电网改革试点项目中 73 个项目确定了业主，其中 36 个项目业主为非电网企业，7个项目获得了供电业务许可证。

第一批 106 个增量配电网试点项目业主确定情况

省（区、市）	试点项目总数量	确定业主项目数量
浙江	6	4
安徽	6	2
福建	6	2
河南	6	2
北京	5	1
江苏	5	5
重庆	5	2
贵州	5	5
云南	5	5
陕西	5	5
甘肃	5	2
内蒙古	4	4
湖南	4	4
广东	4	4

续表

省（区、市）	试点项目总数量	确定业主项目数量
宁夏	4	4
天津	3	1
山西	3	3
辽宁	3	2
黑龙江	3	3
广西	3	3
海南	3	3
河北	2	2
吉林	2	0
江西	2	2
湖北	2	1
四川	2	0
上海	1	0
青海	1	1
新疆兵团	1	1

2017年11月，国家发展改革委员会、国家能源局确定了第二批89个增量配电网改革试点项目，两批增量配电网改革试点项目覆盖除西藏外的所有省（区、市）。

第二批增量配电网试点项目公布

第二批试点项目数量
89个

内蒙古 **8**

和林格尔新区托清经济开发区增量配电业务试点
苏里格经济开发区增量配电业务试点
丰镇市高科技氟化学工业园区增量配电业务试点
奈曼旗工业园区增量配电业务试点
乌海经济开发区海南工业园增量配电业务试点
包头稀土新材料产业园区增量配电业务试点
乌拉特前旗增量配电业务试点
蒙西高新技术工业园区增量配电业务试点

河南	7	许昌市城乡一体化示范区增量配电业务试点
		西华经济技术开发区增量配电业务试点
		内乡县产业集聚区增量配电业务试点
		开封市汴东产业集聚区增量配电业务试点
		永城市永煤矿区增量配电业务试点
		禹州市绿色铸造陶瓷示范产业园增量配电业务试点
		三门峡高新技术产业开发区增量配电业务试点

湖南	7	湘西州泸溪县高新区增量配电业务试点
		攸县网岭循环经济园增量配电业务试点
		怀化市洪江区工业集中区增量配电业务试点
		怀化高新技术产业开发区增量配电业务试点
		株洲高新区增量配电业务试点
		湖南岳阳城陵矶新港区增量配电业务试点
		长沙高新区增量配电业务试点

山东	6	青岛市黄岛区中德生态园增量配电业务试点
		中国（临沂）国际商贸城产业园区增量配电业务试点
		菏泽市临港经济区增量配电业务试点
		潍坊寿光滨海（羊口）经济开发区临港项目区增量配电业务试点
		济南高新区智能装备城增量配电业务试点
		青岛市红岛经济区（高新区）增量配电业务试点

山西	5	襄垣经济技术开发区增量配电业务试点
		晋城经济技术开发区富士康新 110kV 增量配电业务试点
		大同装备制造产业园区增量配电业务试点
		潞安集团增量配电业务试点
		朔州市山阴北周庄低碳循环经济工业园区增量配电业务试点

贵州	5	贵州水城经济开发区增量配电业务试点
		贵州遵义和平经济开发区综合能源利用基地增量配电业务试点
		贵州安顺西秀产业园区增量配电业务试点
		贵州纳雍经济开发区增量配电业务试点
		贵州炉碧经济开发区增量配电业务试点

云南	5	云南滇中新区小哨新城和汽车产业园增量配电业务试点
		鹤庆县兴鹤工业园增量配电业务试点
		昆明市富民县工业园区增量配电业务试点
		保山市工贸园区（园中园）增量配电业务试点
		丽江市古城区高新技术产业经济区增量配电业务试点

陕西	5	西安灞桥科技工业园区增量配电业务试点
		华州区工业园增量配电业务试点
		长庆油田靖安油田增量配电业务试点
		安康国家高新区增量配电业务试点
		榆林榆神工业区增量配电业务试点

甘肃	5	金昌经济技术开发区紫金云大数据产业园增量配电业务试点
		敦煌市文化产业示范园区增量配电业务试点
		酒泉市肃州区新能源综合利用试验区增量配电业务试点
		玉门东镇建化工业园增量配电业务试点
		玉门经济开发区增量配电业务试点

河北	4	秦皇岛经济技术开发区增量配电业务试点
		河北迁安经济技术开发区增量配电业务试点
		廊坊燕郊高新区精工园增量配电业务试点
		保定满城国际光电网产业园增量配电业务试点

辽宁	4	营口港鲅鱼圈港区增量配电业务试点
		鞍山市高新技术产业开发区辽宁激光科技产业园区增量配电业务试点
		沈阳欧盟经济开发区通用汽车零部件产业园区增量配电业务试点
		大连西中岛石化产业园区增量配电业务试点

江西	4	上栗县工业园金山赣湘合作试验区增量配电业务试点
		上饶经开区马鞍山南片区光伏产业园增量配电业务试点
		新干盐化工业城增量配电业务试点
		萍乡矿业集团公司增量配电业务试点

湖北	4	湖北自贸区宜昌片区增量配电业务试点
		湖北江陵经济开发区增量配电业务试点
		湖北省仙桃市临空临港产业园增量配电业务试点
		江汉油田增量配电业务试点

广西	3	中泰崇左产业园（崇左市城市工业区）增量配电业务试点
		河池大化县工业集中区增量配电业务试点
		南宁六景工业园区增量配电业务试点

重庆	3	长寿经开区八颗片区增量配电业务试点
		潼南工业园区增量配电业务试点
		铜梁高新区全蒲片区增量配电业务试点

新疆兵团	3	第八师石河子市增量配电业务试点
		第七师增量配电业务试点
		第五师双河市增量配电业务试点

| 黑龙江 | 2 | 牡丹江经济开发区增量配电业务试点 |
| | | 哈尔滨松花江避暑城增量配电业务试点 |

| 福建省 | 2 | 厦门海沧信息产业园增量配电业务试点 |
| | | 漳州古雷石化产业园区增量配电业务试点 |

| 新疆 | 2 | 和丰工业园区增量配电业务试点 |
| | | 霍尔果斯市南部工业园区增量配电业务试点 |

| 吉林 | 1 | 辽源矿业增量配电业务试点 |

| 浙江 | 1 | 海盐云计算及智能中心基地增量配电业务试点 |

| 广东 | 1 | 肇庆高新区北部工业商贸区增量配电业务试点 |

| 海南 | 1 | 海口桂林洋经济开发区增量配电业务试点 |

| 四川 | 1 | 洪雅县工业园区增量配电业务试点 |

售电公司注册数量持续高速增长，市场交易电量爆发式提升

交易中心注册售电公司
3500 家

代理用户参与市场化交易电量
2000 亿千瓦时

2016 年
交易中心注册售电公司
1628 家

代理用户参与市场化交易电量
100 亿千瓦时

2017年全国完成电力交易中心注册并公示的售电公司数量约 3500 家。典型省（区、市）中，广东、山东、安徽售电公司参与市场化交易规模占地区总交易电量的比例超过 90%，山西、云南售电公司参与市场化交易规模占地区总交易电量的比例超过 30%。5省（区、市）售电公司总交易电量接近 2000 亿千瓦时。

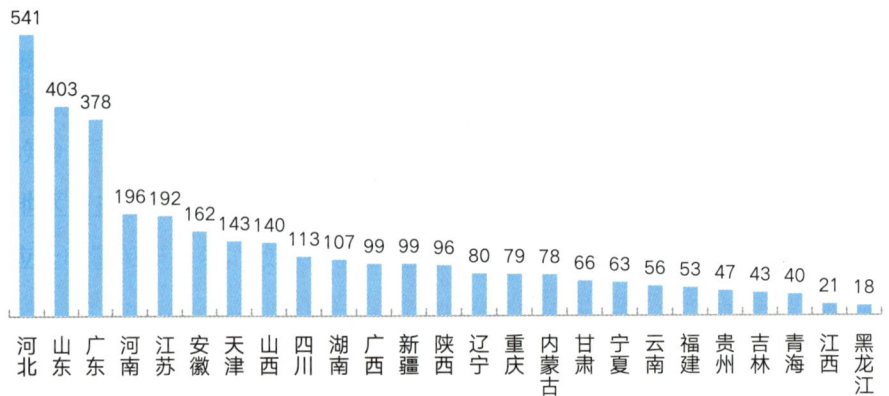

典型省份售电公司发展规模（个）

省份	数量
河北	541
山东	403
广东	378
河南	196
江苏	192
安徽	162
天津	143
山西	140
四川	113
湖南	107
广西	99
新疆	99
陕西	96
辽宁	80
重庆	79
内蒙古	78
甘肃	66
宁夏	63
云南	56
福建	53
贵州	47
吉林	43
青海	40
江西	21
黑龙江	18

数据来源：国家发展改革委员会、相关电力交易中心

电力改革存在的问题与评价

电力市场管理委员会作用尚未充分发挥

目前电力市场管理委员尚未实现省（市、区）全覆盖，已成立的电力市场管理委员会在市场规则管理、市场交易管理、市场发展评估等方面尚不具备话语权，议事和决议机制对解决改革存在问题，推动改革健康发展的支撑作用不足。

电价交叉补贴问题还应进一步理顺

随着体制改革的深入，部分地区交叉补贴需求增加、来源流失，亟待出台政策予以规范。由于交叉补贴问题各省情况各有不同，核算理清工作复杂、难度大、耗时长，全国范围交叉补贴的测算和问题解决进度缓慢。

跨省跨区交易机制仍存弊端，制约了交易规模的进一步发展

现阶段跨省跨区交易机制仍不完善，制约交易规模发展，表现在：①没有解决送电计划价格和受端市场价格矛盾；②部分省（区、市）存在一定规模的国调、区调机组，机组计划出力与省内市场存在冲突；③跨省跨区交易偏差考核机制尚未建立，对受端省电力市场运行带来影响。

部分地区的交易监管机制不健全，存在违规交易现象

我国尚未建立明确的市场监管机制，在缺少有效监管手段和工具情况下，部分地区发电企业建立价格联盟操控市场交易，部分地区出现"交易机组被临时取消交易资格""交易结束零成交""交易重启"等一系列行使市场力交易事件。

增量配电网缺乏统一技术标准，与当地电网规划缺乏统筹协调

一些地区增量配电网项目实施过程存在政府规划职责不清，规划管理流程不畅，增量配电网规划与地方配电网规划、地方配电网规划与省级主网规划、产业规划与电力规划之间缺乏有效统筹衔接的问题，导致增量配电网试点区域重复建设问题多发。

中长期交易标的以电量为主制约了调度交易灵活性

尽管现有中长期交易稳定地开展，但是交易标的仍以电量为主，缺乏合适的曲线分解机制，降低了调度灵活性；此外，交易价格不能反映电力位置和时间价值，无法体现稀缺、灵活性资源价值，对可再生能源的友好性不足，难以有效适应并促进电力系统转型发展。

计划和市场矛盾有待破解

计划与市场并行双轨制下，电力市场化交易尚未联动中长期燃料合约机制，当燃料价格处于高位并持续上升时，计划煤与市场电，计划气与市场电的矛盾凸显，发电企业参与市场意愿降低。此外，部分电力供应紧张省（区、市）火电利用小时数较高，竞争压力小，发电企业参与市场意愿不足。

电力交易机构相对独立性有待提升

目前仅8家电力交易机构采取股份制方式组建，在交易机构和调度机构业务职能尚未完全明确，电网企业可从事售电业务等情形下，较难保证交易独立性、公平性，影响市场主体信心。

⬚ 各方对"增量"和"存量"配电网业务的界定存在分歧

部分电网企业主张园区试点项目新建 220 千伏变电站仅限定为单一用户服务的用户专用变压器，导致在规划编制、电网接入等问题上存在分歧；另外，部分电网企业将企业规划确定的拟建项目界定为"存量"。

⬚ 试点范围内的电网企业存量资产处置协调办法需要明确

目前对电网企业存量资产处置虽然已出台一些措施，但是电网企业在资产处置上存在不同看法，导致第一批试点均将电网企业存量资产划出试点范围，处置工作滞后，影响试点推进速度。

⬚ 售电市场的公平竞争环境需进一步培育

部分地方存在电网企业开展售电业务不收取费用、通过影响力使社会资本售电公司电量回流；部分地方的发电企业存在抱团操控市场，排挤社会资本售电公司的行为。非电网企业售电公司生存环境亟待改善。

2 重点领域改革展望

2.1 输配电价改革展望

预计 2018 年将着力解决交叉补贴问题，加快厘清各用户类别、各电压等级输配电真实成本，明确交叉补贴水平，加强对电网企业交叉补贴收入监管，建立机制有效疏导各类交叉补贴。

预计 2018 年将公布宁东、哈郑、向上、宾金等专项输电工程输电价格水平，并启动宁绍、酒湖等专项输电工程输电价格核定工作。

> ▶ 推进跨省跨区专项工程输电价格核定

2.2 电力市场建设展望

随着发用电计划进一步放开，用户逐步全电量参与市场，预计 2018 年重点省（区、市）广东、江苏、山东、山西等市场化交易电量相比 2017 年增幅超过 40%，总体上，全国电力市场化交易电量占全社会用电量的比例将超过 30%。

浙江、广东 2017 年制定了电力现货市场建设方案，确定了电力现货市场模式，并启动了市场规则编制和技术支持系统建设，有望于 2019 年实现电力现货市场试运行。

> ▶ 典型省份电力现货市场试运行

围绕电力交易机构相对独立定位，推进现有 27 个电力交易机构由电网企业全资子公司向股份制结构转变，不断提升非电网企业占股比例，推动市场管理委员会充分发挥作用，为建立公平公正的市场交易环境奠定基础。

进一步完善电力市场信用体系建设，建立健全市场交易风险评估方法和交易风险管理制度，加强对市场主体信用水平评估，实施保函、押金等一系列措施，控制交易结算风险，保障市场稳定运行。

▶ 推动电力交易监管体系建设

推动建立电力市场监管机制，加强监管手段和平台建设，实施电力市场运行监控分析，加强对市场主体使用市场力、操作市场价格等行为的有效管理，促进电力市场的规范运作。

2.3 配售电改革展望

▶ 加快推进增量配电网第二、第三批试点落地，尽快发挥建设标杆作用

加快落实第一批增量配电网试点项目落地，有序推进第二、第三批试点项目建设，力争实现试点项目地级市全覆盖。通过试点项目成功运行，为开展不同投资主体间建设运行配电网指标对比创造条件，进一步为理顺输配关系，推动存量和增量配电网参与市场化运营积累有益经验。

随着分时电价、需求侧响应等机制建立，将引导售电公司加快创新运营模式，改变现有仅依靠获取发电企业降价红利的生存方式，进一步加强在控制交易偏差、平抑市场风险以及整合用户资源，提供增值服务等方面的技术能力，为客户提供优质服务，促进资源优化配置。

九

政策解读

1 《北方地区冬季清洁取暖规划（2017-2021 年）》解读

1.1 政策背景

2017 年 12 月，国家发改委、能源局、财政部、环保部、住建部等 10 部委联合发布了《北方地区冬季清洁取暖规划（2017-2021年）》（发改能源〔2017〕2100号）（以下简称《规划》），对清洁取暖进行了全方位系统部署。各方有必要参照《规划》，理清思路，牢牢把握清洁取暖的本质，确保清洁取暖工作可持续推进。

全国北方地区冬季大量使用散烧煤取暖，大气污染物排放量巨大，已经成为冬季雾霾的重要原因之一。习近平总书记在第 14 次中央财经领导小组会议强调，推进北方地区冬季清洁取暖，关系北方地区广大群众温暖过冬，关系雾霾天能不能减少，是能源生产和消费革命、农村生活方式革命的重要内容。要按照企业为主、政府推动、居民可承受的方针，宜气则气，宜电则电，尽可能利用清洁能源，加快提高清洁供暖比重。

1.2 政策思路

在全社会的努力下，清洁取暖工作取得一定进展，2017年全国共完成煤改气、煤改电 578万户，其中仅京津冀及周边地区 28个城市就完成 394万户，对冬季大气污染治理产生了显著作用。另一方面，当前的清洁取暖模式也面临诸多挑战，全国"气荒"局面持续，LNG价格一度飙升至 10000元／吨以上；取暖用电负荷屡创新高，给配电网特别是农村电网带来挑战；部分地区能源保障不力，甚至出现居民受冻等情况；清洁取暖财政补贴压力激增，难以为继等问题逐步凸显。

1.3 政策要点

正确理解清洁取暖的概念

《规划》中首次明确了清洁取暖的概念和范围：清洁取暖是指利用天然气、电、地热、生物质、太阳能、工业余热、清洁化燃煤（超低排放）、核能等清洁化能源，通过高效用能系统实现低排放、低能耗的取暖方式，包含以降低污染物排放和能源消耗为目标的取暖全过程，涉及清洁热源、高效输配管网(热网)、节能建筑(热用户)等环节。

因此，清洁取暖绝非简单的"一刀切"去煤化，更不能简单局限于可再生能源取暖，而是对煤炭、天然气、电、可再生能源等多种能源形式统筹谋划，范围也不仅仅局限于热源侧的单方面革新，而是整个供暖体系全面清洁高效升级。清洁取暖的概念，从传统单一的热力生产和使用，拓展到全方位的"多能互补"，再进一步延伸至能源生产和消费方式革命。

在当前国情下，应当充分认识到煤炭清洁利用的主体地位和"兜底"作用。未来较长时期内，清洁燃煤集中供暖是实现环境保护与成本压力平衡的有效方式，在多数北方城市城区、县城和城乡结合部应作为基础性热源使用。对于资源总量有限、补贴需求较大的天然气、电等取暖能源，应该多用在清洁集中燃煤不能胜任的，或者环保要求最严格的地区，"好钢用在刀刃上"。

设立符合实际的差异化目标

《规划》提出，到2019年，北方地区清洁取暖率达到50%，替代散烧煤(含低效小锅炉用煤)7400万吨。到2021年，北方地区清洁取暖率达到70%，替代散烧煤(含低效小锅炉用煤)1.5亿吨。供热系统平均综合能耗、热网系统失水率、综合热损失明显降低，高效末端散热设备广泛应用，北方城镇地区既有节能居住建筑占比达到80%。力争用5年左右时间，基本实现雾霾严重城市化地区的散煤供暖清洁化，形成公平开放、多元经营、服务水平较高的清洁供暖市场。

鉴于北方地区冬季大气污染以京津冀及周边地区最为严重，"2+26"重点城市作为京津冀大气污染传输通道城市，且所在省份经济实力相对较强，有必要、有能力率先实现清洁取暖。《规划》针对这些城市也提出了更高的要求，2021年，城市城区全部实现清洁取暖，县城和城乡结合部清洁取暖率达到80%以上，农村地区清洁取暖率60%以上。

清洁取暖是循序渐进的长期工作，难以一蹴而就，到2021年仍将有一定比例的地区沿用原有取暖方式，或采用相对清洁的过渡方式。科学的清洁取暖目标，应立足本地资源禀赋、经济实力、基础设施等条件及大气污染防治要求，结合区域特点和居民消费能力，做到"资源用得好、财政补得起、设施跟得上、居民可承受"，用合理经济代价获取最大的整体污染物减排效果。

选择多元化清洁取暖策略

清洁取暖方式多样，适用于不同条件和地区，且涉及热源、热网、用户等多个环节，应科学分析，精心比选，全程优化，有序推进。《规划》从因地制宜选择供暖热源、全面提升热网系统效率、有效降低用户取暖能耗三个方面系统总结了清洁取暖的推进策略。热源方面，全面梳理了天然气、电、地热、生物质、太阳能、工业余热、清洁化燃煤（超低排放）等各种清洁取暖类型，对每种类型的特点、适宜条件、发展路线、关键问题等进行了重点阐述。热网方面，明确有条件的城镇地区优先采用清洁集中供暖，加大供热系统优化升级力度。用户方面，强调了提升建筑用能效率，完善高效供暖末端系统，推广按热计量收费方式。此外，《规划》对热源、热网和用户侧的重点任务也设立了相应的发展目标。

总体而言，清洁取暖的推进策略必须突出一个"宜"字，宜气则气，宜电则电，宜煤则煤，宜可再生则可再生，宜余热则余热，宜集中供暖则管网提效，宜建筑节能则保温改造。即使农村偏远山区等暂时不能通过清洁供暖替代散烧煤供暖的，也要重点利用"洁净型煤+环保炉具""生物质成型燃料+专用炉具"等模式替代散烧煤。

目前，社会各界高度重视清洁取暖工作，部分企业为了市场推广，片面宣传单个技术路线，出现一些不符合实际情况的论调。事实上，清洁取暖涉及面广、路线多样，无法一套模式全国复制，宜"多能互补"，不能"一招通吃"。各地方必须从自身实际出发，制定科学合理、经济可行、环保高效的多元化清洁取暖策略。

啃好农村清洁取暖的硬骨头

《规划》中专门强调，农村地区是北方地区清洁取暖的最大短板，是散烧煤消费的主力地区，必须加大力度，提升农村地区清洁取暖水平。

不管是基础设施条件、经济承受能力还是居民能源消费习惯，全国北方农村和城市差距巨大，这使得北方城市清洁取暖工作相对简单，在农村则进展缓慢。"煤改气""煤改电"等是近年来农村清洁取暖的重要推进方式，但用气短缺、成本压力等将长期制约其推广应用。考虑到农村的实际情况，应将农村炊事、养殖、大棚用能与清洁取暖相结合，充分利用生物质、沼气、太阳能、罐装天然气、电等多种清洁能源供暖，对于暂时不能实现清洁取暖替代的，也要用好各种过渡方式。

对于人口稀疏的西北等地区，由于扩散条件好、环境容量大，除城市近郊外，农村取暖的影响相对有限。而对于人口稠密的华北平原等地区，人口总量大，扩散条件差，易出现农村分散污染源环绕城市的不利局面。因此，做好这些农村地区的清洁取暖是必须打下的攻坚战。

2 《解决弃水弃风弃光问题实施方案》解读

2.1 政策背景

在全国水电、风电、太阳能发电等清洁能源快速增长的同时，弃水、弃风和弃光问题（即"三弃"问题）也逐渐凸显，近年来引发了各级领导和社会各界的高度重视，在李克强总理的《2017年国务院政府工作报告》和《电力发展"十三五"规划》中都将解决"三弃"问题列为重点任务。

为贯彻新时代中国特色社会主义思想，推进能源生产和消费革命，落实《2017年国务院政府工作报告》要求，尽快解决弃水弃风弃光问题，2017年11月8日，国家发展改革委、国家能源局联合印发了《解决弃水弃风弃光问题实施方案》（发改能源〔2017〕1942号）。敦促各地区和有关单位高度重视可再生能源电力消纳工作，采取有效措施，推动解决弃水弃风弃光问题。

2.2 政策思路

坚持政府引导与市场主导相结合。建立健全可再生能源电力消纳监督考核机制。着力完善市场体系和市场机制，鼓励以竞争性市场化方式实现可再生能源充分利用。

坚持全国统筹与本地利用相结合。在全国层面统筹好电力供需之间、各电力品种之间、各地区之间的衔接平衡，并通过推动电能替代等方式鼓励可再生能源电力优先本地消纳。

坚持规范电源与优化通道相结合。坚持集中式与分布式并举开发可再生能源电力，统筹可再生能源电力与火电、调峰电源的发展节奏，推进可再生能源基地与电力输送通道规划、建设和投产同步，促进电网与电源协调发展。

坚持技术创新与体制改革相结合。加快可再生能源与信息技术深度融合，全面提升电力系统各环节可再生能源消纳技术水平，并加快电力市场建设，完善可再生能源消纳、辅助服务和价格机制，提高可再生能源发电竞争力。

2017年可再生能源电力受限严重地区弃水弃风弃光状况实现明显缓解。

云南、四川水能利用率力争达到90%左右。甘肃、新疆弃风率降至30%左右，吉林、黑龙江和内蒙古弃风率降至20%左右。甘肃、新疆弃光率降至20%左右，陕西、青海弃光率力争控制在 10% 以内。

其他地区风电和光伏发电年利用小时数应达到国家能源局 2016 年下达的本地区最低保障收购年利用小时数（或弃风率低于 10%、弃光率低于 5%）。

到 2020 年在全国范围内有效解决弃水弃风弃光问题。

2.3 政策要点

完善可再生能源开发利用机制

全面树立能源绿色消费理念。具备可再生能源电力消纳空间的省（区、市）要结合特高压等跨省跨区输电通道的能力，积极接纳外来可再生能源电力，主动压减本地区燃煤发电，为扩大可再生能源利用腾出市场空间。

完善可再生能源开发利用目标监测评价制度。各省（区、市）应根据《能源发展"十三五"规划》及国家批复的各有关能源专项规划等文件确定的本地区可再生能源发展目标，按年度提出逐年提升的可再生能源消费占比指标并予以执行。

实行可再生能源电力配额制。各类电力相关市场主体共同承担促进可再生能源利用的责任，各省级电网企业、地方电网企业、配售电企业（含社会资本投资的增量配电网企业、自备电厂）负责完成供电区域内的配额，电力生产企业的发电装机和年发电量应达到规定的可再生能源比重要求。《可再生能源电力配额及考核办法》另行发布。

落实可再生能源优先发电制度。省级电力运行管理部门在编制年度优先发电、优先购电计划时，要预留规划内可再生能源发电保障性收购电量，并会同能源管理部门做好可再生能源发电保障性收购与电力市场化交易的衔接。

推进可再生能源电力参与市场化交易。在国家核定最低保障收购年利用小时数的地区，应鼓励通过市场化交易促进保障收购年利用小时数之外的可再生能源电量的消纳利用。有关地区要尽快取消跨省跨区可再生能源电力交易送受端不合理的限价规定，支持可再生能源电力提高市场竞争力。

充分发挥电网关键平台作用

提升可再生能源电力输送水平。优先建设以输送可再生能源为主且受端地区具有消纳市场空间的输电通道。充分利用已有跨省跨区输电通道输送可再生能源电力并提高运行水平。研究提高可再生能源电力输送能力的技术措施，加快柔性直流输电技术研究与应用。

完善跨区域可再生能源电力调度技术支持体系。尽快形成适应可再生能源电力特性的调度运行体系，出台节能低碳电力调度办法。国家电网公司、中国南方电网公司等电网企业要联合共享相关信息，形成全国性的可再生能源电力发输用监测调配平台。

优化电网调度运行。充分发挥省际联络线互济作用，完善省级电网企业间调度协调和资源共享，充分利用跨省跨区输电通道开展送端地区与受端地区调峰资源互济。因地制宜开展跨区跨流域的风光水火联合调度运行，实现多种能源发电互补平衡。利用大数据、云计算、"互联网+"等先进技术，开展流域综合监测，建立以水电为主的西南调度监控模型，实现跨流域跨区域的统筹优化调度以及四川和云南等周边省区的水电枯平丰调节。加快微电网、储能、智慧能源、新型调相机等关键技术攻关和应用。

提高现有输电通道利用效率。充分利用已有跨省跨区输电通道优先输送水电、风电和太阳能发电，在满足系统运行安全、受端地区用电需求的前提下，减少网络冗余，提高线路运行效率和管理水平。对可再生能源电力实际输送情况开展监测评估，以明确可再生能源电力与煤电联合外送输电通道中可再生能源占总输送电量的比重指标。

加快优化电源结构与布局

统筹煤电与可再生能源电力发展。可再生能源弃电严重地区要切实完成2017年淘汰、停建、缓建煤电任务。根据电力供需形势变化，继续做好防范化解煤电产能过剩风险后续任务分解，确保2020年全国投产煤电装机控制在11亿千瓦以内。

优化可再生能源电力发展布局。坚持集中式与分布式并举，统筹可再生能源电力开发建设与市场消纳，积极支持中东部分散资源的开发，合理把握限电严重地区可再生能源电力发展节奏，督促各地区严格执行风电、光伏发电投资监测预警机制。实行可再生能源电力消纳预警机制，国家能源局对各地区年度可再生能源电力限电情况进行评估，在确保限电比例下降的前提下合理确定年度新增建设规模。

加快龙头水库电站建设统筹流域运行协调。充分发挥龙头水库作用，提高西南水电流域梯级水电站的调节能力，加快建设雅砻江两河口、大渡河双江口水电站。在统筹考虑金沙江中游龙盘水电站涉及少数民族、文化保护和生态环保问题的基础上，积极推进相关前期工作。

切实提高电力系统调峰能力。2017年，"三北"地区开展1635万千瓦火电灵活性示范项目改造，增加系统调峰能力480万千瓦，并继续扩大火电机组灵活性改造范围，提升火电调峰能力。认定一批火电机组作为可再生能源消纳调峰机组，在试点示范的基础上，落实火电机组深度调峰补偿机制，调动火电机组调峰积极性。"十三五"期间开工抽水蓄能电站共计约6000万千瓦，其中"三北"地区约2800万千瓦。在华北、华东、南方等地区建设一批天然气调峰电站，新增装机 500 万千瓦以上。

多渠道拓展可再生能源电力本地消纳

推行自备电厂参与可再生能源电力消纳。合理引导自备电厂参与可再生能源电力消纳，通过市场化手段对调峰成本给予经济补偿，使其在可再生能源电力限电时段积极主动压减发电出力。采取统筹管理、市场交易和加强监管相结合的措施，深入挖掘自备电厂调峰潜力，有效促进可再生能源电力消纳。有关省级电网企业要制定企业自备电厂参与系统调峰的技术方案，在有关省级政府的支持下将自备电厂纳入电网统一调度运行。新疆、甘肃要把企业自备电厂减少出力、参与系统调峰作为解决其严重弃风弃光问题的一个重要途径。鼓励各地区组织建设可再生能源消纳产业示范区，促进可再生能源电力就近利用。

拓展电网消纳途径和模式。结合增量配电网改革试点，扩大可再生能源电力消费，积极开展新能源微电网建设，鼓励发展以消纳可再生能源等清洁能源为主的微电网、局域网、能源互联网等新模式，提高可再生能源、分布式电源接入及消纳能力，推动可再生能源分布式发电发展。开展分布式发电市场化交易试点，分布式可再生能源在同一配电网内通过市场化交易实现就近消纳。

加快实施电能替代。鼓励可再生能源富集地区布局建设的电力制氢、大数据中心、云计算中心、电动汽车及配套设施等优先消纳可再生能源电力。重点在居民采暖、生产制造、交通运输、电力供应与消费四个领域，试点或推广电采暖、各类热泵、工业电锅炉（窑炉）、农业电排灌、船舶岸电、机场桥载设备、电蓄能调峰等电力消纳和利用设施。"十三五"期间全国实现电能替代电量 4500 亿千瓦时。

提升电力需求侧响应能力。挖掘电力需求侧管理潜力，建立需求侧参与市场化辅助服务补偿机制，培育灵活用电负荷，引导负荷跟随系统出力调整，有效减少弃电率。鼓励出台促进可中断、可调节的负荷政策，适当拉大峰谷差价，提高用户消纳可再生能源电力的积极性。加快推广综合性储能应用，加快推进电动汽车智能充放电和灵活负荷控制，提升需求侧对可再生能源发电的响应能力。发挥电能负荷集成商作用，整合分散需求响应资源，建立用于可再生能源电力消纳的虚拟电厂。

大力推广可再生能源电力供热。在风能、太阳能和水能资源富集地区，积极推进各种类型电供热替代燃煤供热。推广碳晶、石墨烯发热器件、电热膜等分散式电供暖，重点利用低谷电力发展集中电供热，鼓励建设具备蓄热功能的电供热设施，因地制宜推广可再生能源电力与地热能、生物质能、太阳能结合的综合性绿色供热系统。鼓励风电等可再生能源电力富集地区开展可再生能源电力供暖专项交易，实现可再生能源电力消纳与北方地区清洁供暖相互促进。

加快完善市场机制与政策体系

加快电力市场建设步伐。围绕日内分时电价形成机制，启动南方（以广东起步）、蒙西、浙江、山西、山东、福建、四川、甘肃等第一批电力现货市场试点，逐步构建中长期交易与现货市场相结合的电力市场体系。在电力市场机制设计和交易规则制定中，要将共同承担可再生能源利用责任作为重要内容。

建立可再生能源电力消纳激励机制。总结东北电力辅助服务试点经验，完善电力调峰辅助服务补偿机制，建立风光水火协调运行的激励机制。充分衔接发用电计划有序放开与可再生能源发电保障性收购机制，有序放开省级区域内发用电计划及用户和售电企业的省外购电权，组织电力企业拓展合同电量转让交易，丰富电力市场建设过渡阶段的交易品种。

完善可再生能源发电价格形成机制。积极开展上网侧峰谷分时电价试点和可再生能源就近消纳输配电价试点，鼓励各类用户消纳可再生能源电量。抓紧对跨省跨区输电工程开展成本监审和重新核定输电价格，在发电计划完全放开前，允许对超计划增量送电输电价格进行动态调整。抓紧完善各省（区、市）输配电价格，加强对各地区输配电价日常监管，并指导个别地区适时合理调整输配电价结构，允许在监管周期内保持电价整体水平不变情况下，动态调整各电压等级输电价格。

3 《开展分布式发电市场化交易试点》解读

3.1 政策背景

近年来，分布式发电发展逐步加快，但由于现有电力系统的技术体系、管理体制、市场机制是按集中式发电供电模式设计的，分布式发电所需的电网公共服务、电力市场交易机制以及政府管理体制仍存在较多缺失，分布式发电在电力利用方面的节能、经济性和安全性等优势还未充分发挥。

为加快推进分布式能源发展，2017年11月，国家发展改革委和国家能源局共同发布了《关于开展分布式发电市场化交易试点的通知》（发改能源〔2017〕1901号），鼓励各地探索分布式发电市场化就近售电，打破束缚分布式发电的体制机制藩篱；2017年12月，国家发展改革委员会和国家能源局共同发布了《关于开展分布式发电市场化交易试点的补充通知》（发改办能源〔2017〕2150号），明确试点组织方式及分工、试点方案内容要求、试点方案报送等内容。

3.2 政策思路

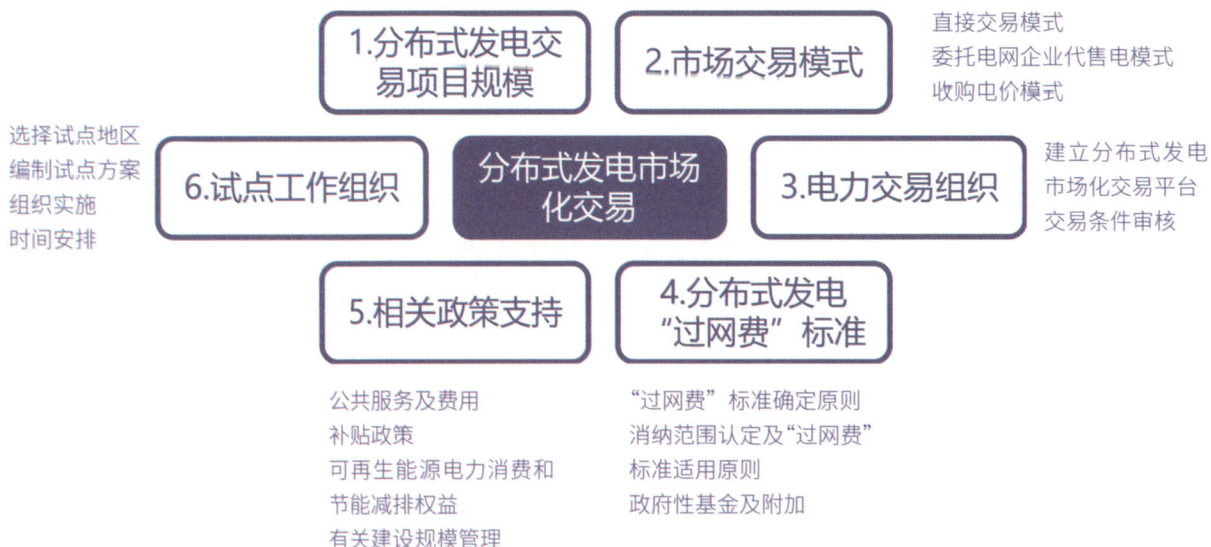

3.3 政策要点

装机规模

接网电压等级在 35 千伏及以下的项目，单体容量不超过 20 兆瓦（有自身电力消费的，扣除当年用电最大负荷后不超过 20 兆瓦）。单体项目容量超过 20 兆瓦但不高于 50 兆瓦，接网电压等级不超过 110 千伏且在该电压等级范围内就近消纳的项目。

交易机制

分布式发电项目单位（含个人）与配电网内就近符合交易条件的电力用户进行电力交易，并以电网企业作为输电服务方签订三方供用电合同，约定交易期限、交易电量、结算电价、"过网费"标准及违约责任等。

交易模式

（1）直接交易模式，分布式发电项目与电力用户进行电力直接交易，向电网企业支付"过网费"。

（2）委托电网企业代售电模式，分布式发电项目单位委托电网企业代售电，电网企业对代售电量按综合售电价格，扣除"过网费"（含网损电）后将其余售电收入转付给分布式发电项目单位。

（3）电网企业按标杆上网电价收购模式，电网企业按国家核定的各类发电的标杆上网电价收购电量，但国家对电网企业的度电补贴要扣减配电网区域最高电压等级用户对应的输配电价。

"过网费"标准确定原则

分布式发电"过网费"标准按接入电压等级和输电及电力消纳范围分级确定。当分布式发电项目总装机容量小于供电范围上年度平均用电负荷时，"过网费"执行本级电压等级内的"过网费"标准，超过时执行上一级电压等级的过网费标准，以此类推。

过网费 = 电力用户接入电压等级对应的输配电价－分布式发电市场化交易所涉最高电压等级输配电价。

消纳范围

开展试点的消纳范围可以是同一台区、同一座变电站（电压等级在 110 千伏及以下）、跨越不同变电站（变电站之间存在 110 千伏及以下的线路直接联系）等几个情形。

试点地区满足的条件

（1）当地电网具备一定的消纳条件，可满足项目接入需求。

（2）入选项目可参照《国家发展改革委 国家能源局关于开展分布式发电市场化交易试点的通知》（发改能源〔2017〕1901号）有关要求，并按有关规定签订直接交易协议，确保就近消纳比例不低于 75%。

（3）全额就近消纳的项目，如自愿放弃补贴，可不受规模限制。

4 《关于有序放开发用电计划的通知》解读

4.1 政策背景

自《中共中央 国务院关于进一步深化电力体制改革的若干意见》（中发〔2015〕9号）（以下简称《中发9号文件》）发布以来，全国电力市场化交易规模实现突破性增长。2016年，全国包括省内直接交易在内的市场化交易电量突破1万亿千瓦时，占全社会用电量19%。其中，省内直接交易电量接近8000亿千瓦时，同比增长85%，为电力用户释放了大量改革红利。

为稳妥有序推进发用电计划放开，不断扩大市场化交易规模，进一步释放改革红利，2017年3月29日，国家发展改革委和国家能源局联合印发《关于有序放开发用电计划的通知》（以下简称《通知》）。《通知》对于贯彻《中发9号文件》精神、落实电力体制改革配套文件要求、促进电力行业供给侧结构性改革将发挥重要的推动作用。

4.2 政策思路

《通知》对十个方面的事项做出了安排，主要涵盖三方面实质性内容：

首先缩减计划电量、扩大市场化交易电量上，重点体现"四个有序"；

其次落实优先发电制度上，重点实现"五个明确"；

最后落实优先购电制度的基础上，重点实现"三个引导"。

上述三方面的政策机制设计，注重运用有机联系、整体设计的系统思维，也体现了有序过渡、差别对待和规范引导的政策制定理念。

4.3 政策要点

❶ 在缩减计划电量、扩大市场化交易电量的系列政策设计上重点体现"四个有序"

实现电力电量平衡从以计划手段为主到以市场手段为主的平稳过渡，是新一轮电力体制改革明确的方向。为实现过渡过程平稳有序，《通知》从四方面体现"有序"：

设定年度燃煤机组发电小时数最高上限

《通知》明确，签订的发购电协议（合同）只要不超过当地省域年度燃煤机组发电小时数最高上限，由电网企业保障执行，主要考虑是通过设置最高上限，在一定程度上可避免出现一些燃煤发电企业发电利用小时数过高，而另一些燃煤发电企业利用小时数过低造成经营困难的问题。这种政策设计重视在市场效率发挥过程中，兼顾市场主体的生存权益，具有鲜明的过渡时期特征，也是改革底线思维的具体应用。

燃煤发电企业计划电量逐年缩减

《通知》提出，2017年火电计划电量在上年火电计划利用小时数的基础上缩减至少20%的原则，也提出2018年以后计划发电量比例要配合用电量放开逐年减少的原则。笔者预计，到"十三五"末，除保留必要的公益性、调节性发电计划外，煤电发电计划将全部放开。

新核准发电机组不再安排发电计划

与此前公开征求意见的版本不同，正式印发的《通知》明确，《中发9号文件》颁布（2015年3月15日）后核准的煤电机组，原则上不再安排发电计划。

近年来，受经济发展进入新常态、用电增速放缓等因素影响，煤电利用小时数持续下降，电力产能过剩风险日趋显现。然而，2016年，煤电项目依然惯性投产，煤电装机增长近4300万千瓦。与此同时，还有一些发电企业仍存在盲目投资的冲动，一些地方仍将新建煤电项目视为拉动投资的重要手段。

此次《通知》明确对新核准的煤电机组不安排发电计划，可望有效抑制地方政府和发电企业的投资冲动，引导发电企业在落实市场消纳空间的基础上作出合理的投资决策，因此，此举是通过市场化手段实现煤电去产能的重要举措，具有重大意义。

跨省跨区送售电计划放开

对于跨省跨区送受电，《通知》分为既有清洁能源发电机组、既有煤电机组、新核准清洁能源发电机组、新核准煤电发电机组四大类，分别制定放开措施。

（1）既有跨省跨区清洁能源发电机组，实行"保量议价"，通过优先发电计划重点"保量"，避免因放开发用电计划导致符合国家战略的跨省跨区清洁能源消纳困难，价格则由送受双方平等协商或市场化交易确定，并鼓励通过转化为中长期合同的方式落实。计划电量以外的增送部分"量"和"价"都不保，参与受端市场化竞价。

（2）既有跨省跨区煤电机组，视同受电地区机组同步推进市场化，体现了对送受双方煤电机组的公平性。但对历史形成统一分配电量的煤电机组，发电计划放开比例为受电地区的一半，说明送电地区发电计划放开的速度还是比受电地区要慢。政策制定部门应是考虑到现有煤电基地外送是国家"西电东送"战略的一部分，已建成的送电通道利用率也不宜过低，从而采取的过渡性措施，体现了有序放开的原则。

（3）新核准的跨省跨区清洁能源发电机组市场化形成价格部分应逐步扩大，意味着在清洁能源补贴越来越困难的情况下，国家将把清洁能源逐步推向市场，倒逼清洁能源企业降低成本，提升价格竞争力。

（4）与既有的煤电机组类似，新核准的跨省跨区煤电机组发电计划放开比例是受电地区一半，同样属于考虑有序放开原则的过渡性措施。

2 在落实优先发电制度上，重点体现"五个明确"

《通知》按照差异化原则，进一步明确了落实优先发电制度的具体举措，主要包以下五方面：

明确了优先发电计划电量的范围和确定原则

《通知》进一步明确，规划内风电、太阳能发电、核电机组、水电机组、热电联产机组的优先发电计划电量分别根据机组的技术经济特性，按照差异化原则确定。

明确了优先发电计划电量的价格形成方式

优先发电计划电量的价格既可以执行政府定价，也可通过市场化方式形成，二者比例根据电源特性和供需形势等因素确定。

明确了对落实保障性收购政策存在困难地区的具体要求

（1）要商请国家发展改革委员会、国际能源局同意。

（2）要研究制定确保可再生能源发电保障小时数逐年增加的解决措施。

明确优先发电计划指标转让的实现方式

首先，优先发电计划指标转让须满足三个条件：属于市场化方式确定价格的计划电量；不能实现签约；指标只能转让给其他优先发电机组。其次，转让可在本地进行，也可跨省跨区开展。最后，对于无法转让的，由电网企业购买，价格参考本地同类型机组购电价格，产生的盈余计入本地输配电价平衡账户。

明确了可再生能源发电机组合规性核查机制

由地方主管部门会同能源局派出机构开展核查，主要核查符合规划情况和符合国家规定程序的情况。经查确定为违规机组的，不允许并网运行，并纳入行业信用监管黑名单。

3 在落实优先购电制度的基础上，重点体现"三个引导"

引导购电主体加快参与市场交易

一方面，《通知》要求各地要加快放开无议价能力用户以外的购电主体参与市场交易，具备条件的地区可扩大电力用户放开范围，不受电压等级限制；另一方面，一旦参与直接交易，应全电量参与交易，政府不再下达用电计划。

引导电力用户积极参与市场交易

首先，新增大工业用户应通过签订电力直接交易协议保障供电，鼓励其他新增用户参与电力直接交易。其次，提出要加强培育电力用户参与市场的意识，争取两年内实现直接交易双方发用电曲线实时对应。第三，参与市场交易电力用户不再执行目录电价。最后，通过保底价格机制倒逼用户积极参与市场，即已参加市场交易用户又退出的，保底价格在电力用户缴纳输配电价的基础上，按照政府核定的居民电价的1.2～2倍执行。

引导售电公司灵活参与市场交易

一方面，售电公司可视同大用户与发电企业开展电力直接交易；另一方面售电公司可代理中小用户参与直接交易。这就为进一步加快售电侧改革，充分发挥售电公司这一新兴市场主体的作用奠定了政策基础。

5 《关于促进储能技术和产业发展指导意见》解读

5.1 政策背景

储能是智能电网、可再生能源高占比能源系统、"互联网＋"智慧能源的重要组成部分和关键支撑技术。近年来，全国储能呈现多元发展的良好态势。总体上全国储能技术已经初步具备了产业化的基础。加快储能技术与产业发展，对于构建"清洁低碳、安全高效"的现代能源产业体系，推进全国能源行业供给侧改革、推动能源生产和利用方式变革具有重要战略意义。

为贯彻习近平总书记关于"四个革命、一个合作"的能源战略思想，落实《中华人民共和国国民经济和社会发展第十三个五年规划纲要》和《能源生产和消费革命战略（2016-2030)》（发改基础〔2016〕2795号）任务，促进储能技术与产业发展，2017年10月11日，国家发改委、财政部、科技部、工信部、能源局联合发布了《关于促进储能技术和产业发展指导意见》（发改能源〔2017〕1701号，以下简称《意见》），明确了促进全国储能技术与产业发展的重要意义、总体要求、重点任务和保障措施。

5.2 政策思路

基本原则

政府引导、企业参与。 加强顶层设计，加大政策支持，研究出台金融等配套措施，统筹解决行业创新与发展重大共性问题。加强引导和信息服务，推动储能设施合理开放，鼓励多元市场主体公平参与市场竞争。

创新引领、示范先行。 营造开放包容的创新环境，鼓励各种形式的技术、机制及商业模式创新。充分发挥示范工程的试点作用，推进储能新技术与新模式先行先试，形成万众创新良好氛围。

市场主导、改革助推。 充分发挥市场在资源配置中的决定性作用，鼓励社会资本进入储能领域。结合电力体制改革进程，逐步建立完善电力市场化交易和灵活性资源的价格形成机制，还原能源商品属性，着力破解体制机制障碍。

统筹规划、协调发展。加强统筹规划，优化储能项目布局。重视上下游协调发展，优化从材料、部件、系统、运营到回收再利用的完整产业链。在确保安全的前提下发展储能，健全标准、检测和认证体系，确保产品质量和有序竞争。推行绿色设计理念，研究建立储能产品的梯级利用与回收体系，加强监管，杜绝污染。

发展目标

《意见》计划在未来 10 年内分两个阶段推进储能产业发展，第一阶段实现储能由研发示范向商业化初期过渡；第二阶段实现商业化初期向规模化发展转变。

"十三五"期间：储能产业发展进入商业化初期，储能对于能源体系转型的关键作用初步显现。

建成一批不同技术类型、不同应用场景的试点示范项目。

研发一批重大关键技术与核心装备，主要储能技术达到国际先进水平。

初步建立储能技术标准体系，形成一批重点技术规范和标准；探索一批可推广的商业模式。

培育一批有竞争力的市场主体。

"十四五"期间：储能产业规模化发展，储能在推动能源变革和能源互联网发展中的作用全面展现。

储能项目广泛应用，形成较为完整的产业体系，成为能源领域经济新增长点。

全面掌握具有国际领先水平的储能关键技术和核心装备，部分储能技术装备引领国际发展。

形成较为完善的技术和标准体系并拥有国际话语权。

基于电力与能源市场的多种储能商业模式蓬勃发展；形成一批有国际竞争力的市场主体。

5.3 政策要点

推进储能技术装备研发示范

集中攻关一批具有关键核心意义的储能技术和材料，重点包括变速抽水蓄能技术、大规模新型压缩空气储能技术、化学储电的各种新材料制备技术、高温超导磁储能技术、相变储热材料与高温储热技术、储能系统集成技术、能量管理技术等。

试验示范一批具有产业化潜力的储能技术和装备。大力发展储能系统集成与智能控制技术，实现储能与现代电力系统协调优化运行。重点包括 10 兆瓦 /100 兆瓦时级超临界压缩空气储能系统、10 兆瓦 /1000 兆焦级飞轮储能阵列机组、100 兆瓦级锂离子电池储能系统、大容量新型熔盐储热装置、应用于智能电网及分布式发电的超级电容电能质量调节系统等。

应用推广一批具有自主知识产权的储能技术和产品。重点包括100兆瓦级全钒液流电池储能电站、高性能铅炭电容电池储能系统等。

完善储能产品标准和检测认证体系。建立与国际接轨、涵盖储能规划设计、设备及试验、施工及验收、并网及检测、运行与维护等各应用环节的标准体系，并随着技术发展和市场需求不断完善。

推进储能提升可再生能源利用水平应用示范

鼓励可再生能源场站合理配置储能系统。研究确定不同特性储能系统接入方式、并网适应性、运行控制、涉网保护、信息交换及安全防护等方面的要求，对于满足要求的储能系统，电网应准予接入并将其纳入电网调度管理。

推动储能系统与可再生能源协调运行。鼓励储能与可再生能源场站作为联合体参与电网运行优化，接受电网运行调度，实现平滑出力波动、提升消纳能力、为电网提供辅助服务等功能。电网企业应将联合体作为特殊的"电厂"对待，在政府指导下签订并网调度协议和购售电合同，联合体享有相应的权利并承担应有的义务。

支持应用多种储能促进可再生能源消纳。支持在可再生能源消纳问题突出的地区开展可再生能源储电、储热、制氢等多种形式能源存储与输出利用；推进风电储热、风电制氢等试点示范工程的建设。

推进储能提升电力系统灵活性稳定性应用示范

支持储能系统直接接入电网。鼓励电网等企业结合需求集中或分布式接入储能系统，并开展运行优化技术研究和应用示范。支持各类主体按照市场化原则投资建设运营接入电网的储能系统。

建立健全储能参与辅助服务市场机制。参照火电厂提供辅助服务等相关政策和机制，允许储能系统与机组联合或作为独立主体参与辅助服务交易。

探索建立储能容量电费和储能参与容量市场的规则机制。结合电力体制改革，参考抽水蓄能相关政策，探索建立储能容量电费和储能参与容量市场的规则，对满足条件的各类大规模储能系统给予容量补偿。

推进储能提升用能智能化水平应用示范

鼓励在用户侧建设分布式储能系统。引导和规范用户侧分布式电储能系统建设运行，支持具有配电网经营权的售电公司和具备条件的居民用户配置储能，鼓励相关商业模式探索。

完善用户侧储能系统支持政策。结合电力体制改革，允许储能通过市场化方式参与电能交易。支持用户侧建设的一定规模的电储能设施与发电企业联合或作为独立主体参与调频、调峰等辅助服务。

支持微电网和离网地区配置储能。鼓励通过配置多种储能提高微电网供电的可靠性和电能质量；积极探索含储能的微电网参与电能交易、电网运行优化的新技术和新模式。

推进储能多元化应用支撑能源互联网应用示范

提升储能系统的信息化和管控水平。逐步实现对储能的能源互联网管控，提高储能资源的利用效率，充分发挥储能系统在能源互联网中的多元化作用。

鼓励基于多种储能实现能源互联网多能互补、多源互动。鼓励大型综合能源基地合理配置储能系统，实现风光水火储多能互补。支持开放共享的分布式储能大数据平台和能量服务平台的建设。鼓励家庭、园区、区域等不同层次的终端用户互补利用各类能源和储能资源，实现多能协同和能源综合梯级利用。

拓展电动汽车等分散电池资源的储能化应用。积极开展电动汽车智能充放电业务，探索电动汽车动力电池、通讯基站电池、不间断电源（UPS）等分散电池资源的能源互联网管控和储能化应用。完善动力电池全生命周期监管，开展对淘汰动力电池进行储能梯次利用研究。

6 电价政策

6.1 电价政策体系

2015年3月《中共中央国务院关于进一步深化电力体制改革的若干意见》（中发〔2015〕9号）出台后，全国电力市场从计划型向竞争型转变。在过渡阶段，一部分电量仍执行发电计划，通过政府定价上网，另一部分电量参与市场双边交易，电价形成方式也随之多元化，形成了具有阶段特色的双轨型电价体系。

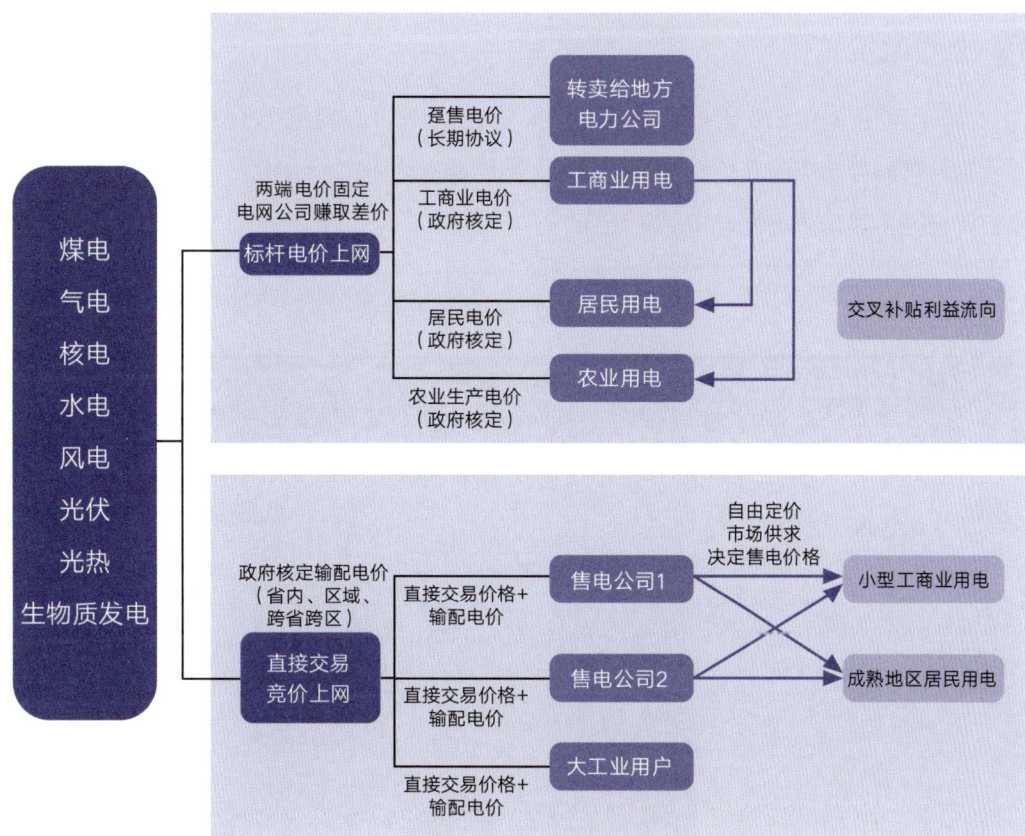

全国现行电价体系构成图

6.2 计划电量政策

全国现行电价体系中的计划电量部分主要由上网电价、输配电价、销售电价构成。2017年以来，计划电量政策进展主要集中在上网电价与销售电价领域。

| 煤电电价 |
| 气电电价 |
| 核电电价 |
| 水电电价 |

上网电价

| 陆上风电电价 |
| 海上风电电价 |
| 光伏电价 |
| 光热电价 |
| 生物质电价 |

输配电价

销售电价

| 居民电价 |
| 大工业电价 |
| 一般工商业电价 |
| 农业生产电价 |

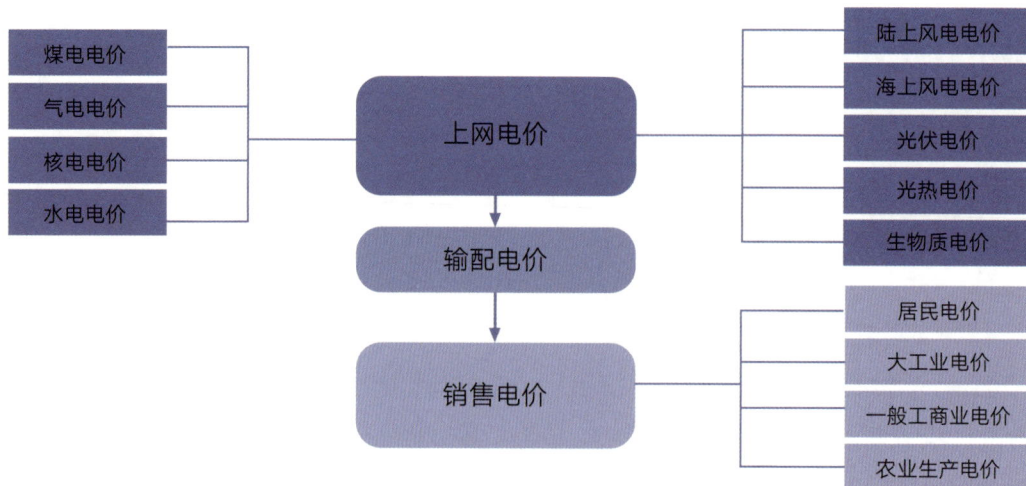

全国现行电价体系构成图

1 上网电价

全国当前上网电价主要实行政府定价模式（市场化交易电量电价由市场决定，价格水平随供需形势等实时变化），由国家发改委和省物价局按照价格管理权限分别制定。2017年全国各类电源上网电价如下所示：

全国各类电源上网电价汇总表

电源类型	上网电价水平（元／千瓦时）	价格制定方式	备注
燃煤电厂	0.2595～0.4505	国家发改委分省区制定燃煤电厂标杆电价，2017年分省区调整了标杆电价，平均调整0.0092元／千瓦时，宁夏等7省区未调整	含脱硫、脱硝及除尘电价
燃气电厂	0.65～1.2	各省物价局核定燃气电厂上网电价。不同省区政策存在差异，部分省区执行燃气标杆电价，部分省区采用"一厂一核"方式核定电价	—
水电	0.2～0.4	大型水电站由国家发改委采用"一厂一核"方式核定电价水平；小型水电站由各省物价部门核定	—
核电	0.43	2013年1月1日后投产的核电机组实行标杆上网电价政策，具体价格由国家发改委根据核电社会平均成本与电力市场供需状况核定。2013年1月1日以前投产的核电机组，电价仍按原规定执行	全国核电标杆上网电价高于核电机组所在地燃煤机组标杆上网电价（含脱硫、脱硝加价，下同）的地区，新建核电机组投产后执行当地燃煤机组标杆上网电价

续表

电源类型	上网电价水平（元/千瓦时）	价格制定方式	备注
陆上风电	0.40～0.57	国家发改委根据风资源情况，分区核定风电标杆电价。2017年对13个风电平价上网示范项目明确上网电价按当地煤电标杆上网电价执行	全国分为四类风能能源区：分别为每千瓦时0.40元、0.45元、0.49元、0.57元
海上风电	0.75～0.85	国家发改委根据风资源情况，分区核定风电标杆电价	近海风电项目标杆上网电价为每千瓦时0.85元，潮间带风电项目标杆上网电价为每千瓦时0.75元
光伏	0.55～0.75	国家发改委根据光资源情况核定，分区核定光伏标杆电价。2017年国家发改各类资源区标杆电价平均降低0.1元/千瓦时	一类资源区0.55元；二类资源区0.65元；三类资源区0.75元，特殊地区如西藏为1.05元
光热	1.15	国家核定的全国统一太阳能热发电标杆上网电价	仅适用于首批示范项目
生物质发电	0.75	根据《关于完善农林生物质发电价格的通知》执行标杆电价	—

2 输配电价

对于全国目前仍以标杆电价上网的计划电量，省级输配电价按照平均销售电价与平均购电价的差价计算。

3 销售电价

全国销售电价由各省物价局制定，报国家发改委审批后执行。目前销售电价可大致分为四类：居民电价、一般工商业电价、大工业电价及农业生产电价。每一类可进一步细化，从而形成电价目录表。全国销售电价的基本结构如图所示。

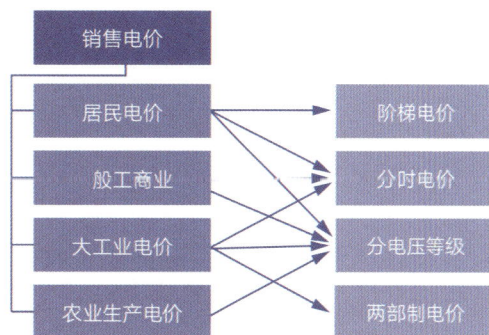

全国销售电价结构图

按照国家发展改革委《关于取消城市公用事业附加合理调整电价有关事项的通知》（发改价格〔2017〕1198号）、《关于取消、降低部分政府性基金及附加合理调整电价结构的通知》（发改价格〔2017〕1152号），2017年各省区相继出台了调整销售电价水平的文件，将降低国家重大水利工程建设基金和大中型水库移民后期扶持基金征收标准形成的价格空间，用于调整销售电价及燃煤标杆电价。各省区调整后，销售电价最大降幅为4.08分/千瓦时（上海），内蒙古、湖北、云南等省区未调整销售电价水平。从初步分析来看，上海等发达地区原承担的国家重大水利工程建设基金和大中型水库移民后期扶持基金征收标准高于内蒙古、云南等省，因此，其调价空间也更为明显。

调整后的全国销售电价水平区间统计如下：

全国销售电价统计表

用电分类	电度电价	基本电价	
		最大需量	变压器容量
	元/千瓦时	元/千瓦月	元/千伏安月
居民生活用电	0.3771~0.6170	—	—
农业生产用电	0.3088~0.7070	—	—
一般工商业用电	0.5653~1.1010	—	—
大工业用电	0.3316~0.7500	28~48	19~28

注：执行峰谷分时电价的省份其参考价格取平段价格；居民实行阶梯电价的省份其价格参照最低档水平取定。

数据来源：各省发展改革委员会网站

6.3 市场交易电量政策

1 中长期交易

当前，全国已展开新一轮电力市场化改革，部分电量价格由市场交易形成。市场交易电量不再以政府核定电价的方式进行买卖，而是通过竞争性环节，发电企业与用户代表（大型工商业用户以及售电公司）以双边协议，或者电力交易中心集中撮合、挂牌等方式，确定交易电量与度电交易价格，而度电交易价格加上输配电价、税金与度电政府性基金，则为用户代表购电价格。

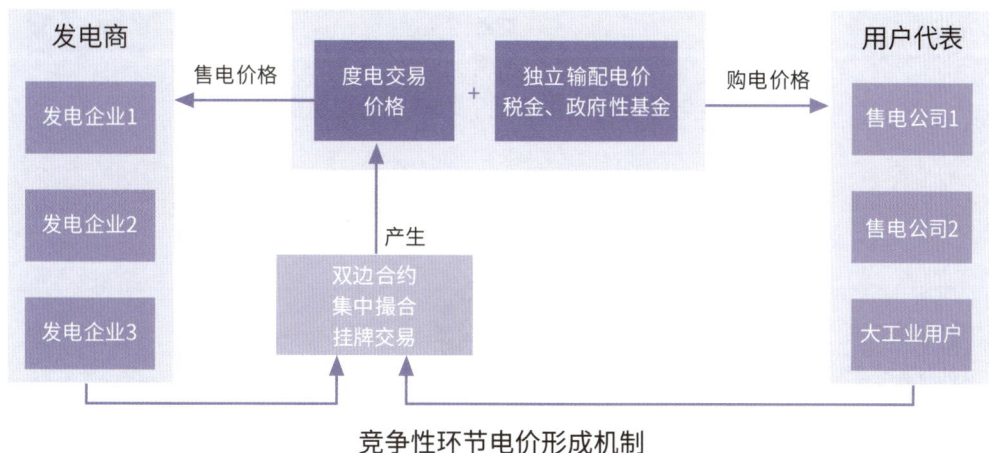

竞争性环节电价形成机制

2 现货交易

现阶段，全国竞争性环节中的电量交易以中长期交易为主，尚未建立中长期与现货相结合的完备电力市场体系。为进一步完善电力市场体系、纵向深化市场化改革进程，国家发展改革委、国家能源局于 2017 年 8 月发布《关于开展电力现货市场建设试点工作的通知》（发改办能源〔2017〕1453号），提出在南方（以广东起步）、蒙西、浙江、山西、山东、福建、四川、甘肃等 8 个地区，加快组织推动电力现货市场建设工作。

现货市场通常指的是商品即时物理交割的市场。由于电力的特殊物理属性，电力现货市场不仅包括日前、日内及实时交易，还包括备用、调频等辅助服务交易。电力现货市场是电力市场建设的"最后一公里"，即便中长期物理交易最终也必须在现货交易进行实物交割而达成，即"无现货、不市场"，这也是电力现货市场建设的本质性意见。

由于电力系统的实时平衡属性，实时交易及调频、备用等辅助服务交易均应由电力调度机构组织开展，而日前、日内交易的组织方在不同国家各有不同。结合现有电力市场化国家实践，现货市场交易框架可分为如下图两类。

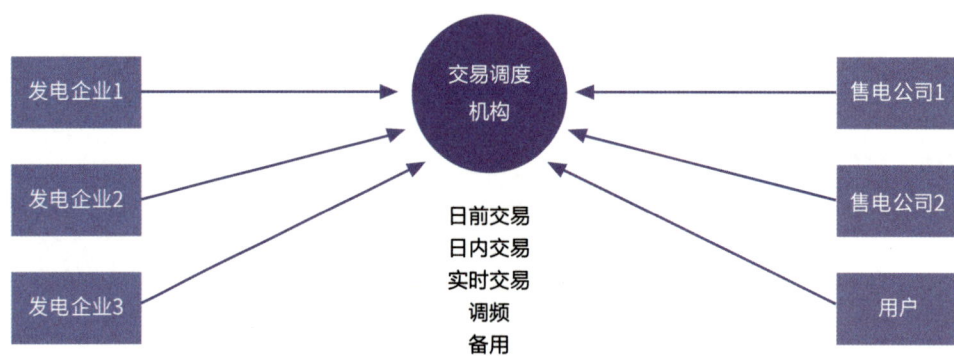

调度与交易一体化情况下现货市场交易框架

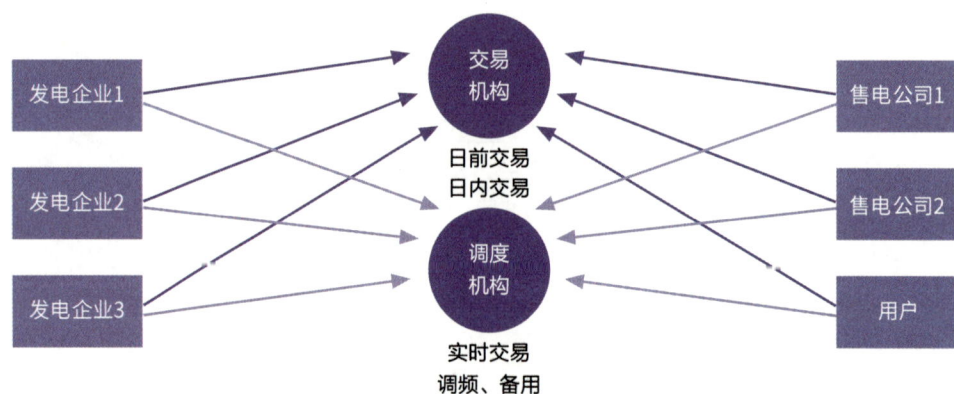

调度与交易分立情况下现货市场交易框架

3 独立输配电价核定体系

2017年12月29日，国家发展改革委员会印发关于《区域电网输电价格定价办法(试行)》《跨省跨区专项工程输电价格定价办法(试行)》和《关于制定地方电网和增量配电网配电价格的指导意见》的通知(发改价格规〔2017〕2269号)，在已有的省级电网输配电价定价办法基础上，进一步对区域电网输电价格和跨省跨区输电价格定价办法进行规范，同时对地方电网和增量配电网定价进行指导。

(1) 《区域电网输电价格定价办法（试行）》。

区域电网承担保障省级电网安全运行与提供输电服务的双重功能。因此，与省级电网输配电价定价有所区别的是，区域电网通过准许成本加准许收益的原则确定准许收入后，将按照按区域电网输电线路实际平均负荷占其提供安全服务的最大输电容量比例，把准许收入分摊为电量电费部分和容量电费部分，容量电费部分纳入省级输配电价回收，电量电费部分由购电方承担。同时，为体现区域电网之间的功能差异，设置了调节系数 K，适当提高外送电相对较多区域电网的电量电费比例，适当提高用电及安全需求较多区域电网的容量电费比例。

准许收入的计算方法

区域电网准许收入计算方法参照《省级电网输配电价定价办法（试行）》（发改价格〔2016〕2711 号）执行。区域电网准许收入由准许成本、准许收益和价内税金构成。

准许成本由基期准许成本和监管周期新增（减少）准许成本构成。

准许收益按可计提收益的有效资产乘以准许收益率计算。

准许收益率 = 权益资本收益率 ×（1－资产负债率）+债务资本收益率 × 资产负债率。

其中：权益资本收益率，按本监管周期初始年前一年 1 月 1 日~6 月 30 日国家 10 年期国债平均收益率加不超过 4 个百分点核定；债务资本收益率，参考同期人民币贷款基准利率与电网企业实际融资结构和借款利率核定；资产负债率参照监管周期初始年前 3 年电网企业实际资产负债率平均值核定。

价内税金依据现行国家相关税法规定核定执行。

价内税金 = 所得税 +城市维护建设税 +教育费附加。

输电价格的计算方法

区域电网输电价格原则上采用电量和容量两部制电价的形式。区域电网准许收入在电量电费和容量电费之间进行分摊。电量电费比例，原则上按区域电网输电线路实际平均负荷占其提供安全服务的最大输电容量测算，并考虑输电线路长度、促进电力交易、与现行输电价格政策衔接等因素。

电量电费比例 =（∑各线路实际平均负荷 × 该条线路长度权重）÷（∑各线路的稳定限额 × 该条线路长度权重）×K

容量电费比例 =1－电量电费比例

输电线路提供安全服务的最大输电容量超过其实际平均负荷的部分，反映区域电网提供安全备用服务的能力。考虑区域电网功能差异，设置调整系数 K，取值在

0.7~1.3之间。

电量电费随区域电网实际交易结算电量收取，由购电方承担。

各省级电网承担的容量电费比例，按区域电网为各省级电网提供安全服务能力并结合现行输电价格政策合理确定。区域电网为各省级电网提供安全服务的能力，主要考虑提供事故紧急支援能力和对各省级电网峰荷贡献等因素。

分摊给各省级电网的容量电费作为上级电网分摊费用通过省级电网输配电价回收，随各省级电网终端售电量(含市场化电量)收取。

随各省级电网终端售电量收取容量电费标准 = 该省级电网应承担的容量电费 ÷ 监管周期该省级电网终端平均售电量。

输电价格的调整机制

监管周期内，各区域电网因电网投资规划调整、输电量或售电量大幅变化、省级电网承受能力不足等原因，导致区域电网准许收入回收不足时，通过电网企业内部东西部电网平衡调整机制，优先在各区域电网之间进行准许收入平衡调整。

监管周期内遇有国家重大政策调整、发生重大自然灾害、不可抗力等因素造成的成本重大变化时，区域电网企业可以向国家发展改革委申请对准许收入和输电价格作适当调整。区域电网准许收入和输电价格调整，应与省级电网输配电价和销售电价调整相衔接。

(2) 《跨省跨区专项工程输电价格定价办法（试行）》。

在定价方法方面，新投产跨省跨区专项工程按照经营期电价方法，确定相关参数，计算输电价格，同时建立定期评估调整机制，根据成本监审等结果，定期调整核价参数及输电价格。多条专项工程统一运营并形成共用网络的，按照准许成本加合理收益方法确定准许收入。在价格形式方面，与区域电网的两部制电价有所区别，根据其工程用途分类，执行单一制电价。以联网功能为主的专项工程按单一容量电价核定，由联网双方分摊承担；以输电功能为主的专项工程按单一电量电价核定，由购电方承担。

输电价格计算方法

新投产跨省跨区专项工程输电价格按经营期电价法核定。经营期电价是指以弥补合理成本、获取合理收益为基础，考虑专项工程经济寿命周期内各年度的现金流量后所确定的电价。

建立定期评估调整机制。以成本监审结果为基础，参照《省级电网输配电价定价办法（试行）》（发改价格〔2016〕2711号）有关参数，定期评估，科学合理确定收益并调整输电价格。

多条专项工程统一运营的，电网企业应按工程项目逐条归集资产、成本、收入，暂无法归集的应按照"谁受益、谁承担"原则合理分摊。多条专项工程统一运营并形成共用网络的，按照"准许成本加合理收益"方法定价。

输电价格形式

跨省跨区专项工程输电价格形式按功能确定，执行单一制电价。以联网功能为主的专项工程按单一容量电价核定，由联网双方共同承担。以输电功能为主的专项工程按单一电量电价核定。

输电价格调整机制

监管周期内遇有国家重大政策调整、发生重大自然灾害、不可抗力等因素造成的成本重大变化时，应在监管周期内对输电价格进行合理调整。监管周期内新增跨省跨区专项工程投资、输电量变化较大时，应在监管周期内对输电价格进行合理调整。跨省跨区专项工程输电价格调整，应与省级电网输配电价和区域电网输电价调整相衔接。

在区域电网与跨省跨区输电价格办法出台后，我国三大电网运营范围内的输配电业务定价机制已基本建立完成，均实行事前核定、定期调整的价格机制，是实现政府对垄断行业有效监管的重要基础。

（3）《关于制定地方电网和增量配电网配电价格的指导意见》。

在对我国三大电网公司输配电业务定价进行规范的同时，国家发改委提出关于制定地方电网和增量配电网配电价格的指导意见，保障配电网与省级电网具有平等的市场主体地位，对地方电网与增量配电网给予更加灵活的定价空间，同时要求保障地方电网和增量配电网范围内用户承担的输配电价不高于其直接接入相同电压等级对应的现行省级电网输配电价。

定价方法

配电网区域内电力用户的用电价格，由上网电价或市场交易电价、上一级电网输配电价、配电网配电价格、政府性基金及附加组成。用户承担的配电网配电价格与上一级电网输配电价之和不得高于其直接接入相同电压等级对应的现行省级电网输配电价。

核定配电价格时，应充分考虑本地区上网电价、省级电网输配电价、趸售电价、销售电价等现行电价，并结合地区经济发展需求、交叉补贴等情况，合理选取定价参数。

对于招标方式确定投资主体的配电网项目，采用招标定价法确定配电价格。对于非招标方式确定投资主体的配电网项目，可以选择准许收入法、最高限价法和标尺竞争法三种定价方法中的一种或几种方法确定配电价格。对于同一类型配电网，应选择相同定价方法。

准许收入法。省级价格主管部门在能源主管部门确定配电网规划投资及项目业主确定投资计划后，参照《省级电网输配电价定价办法（试行）》（发改价格〔2016〕2711 号），核定配电网企业监管周期内的准许成本、准许收益、价内税金，确定监管周期内的年度准许收入，并根据配电网预测电量核定监管周期的独立配电价格。

最高限价法。先按照"准许成本加合理收益"的方法测算某个配电网的配电价格，再参照其他具有可比性的配电网配电价格，结合供电可靠性、服务质量等绩效考核指标，确定该配电网的配电最高限价，由配电网企业制定具体配电价格方案，报省级价格主管部门备案。鼓励各地探索建立最高限价随居民消费价格指数和效率提高要求挂钩的调整机制。

标尺竞争法。先按照"准许成本加合理收益"的方法测算某个配电网的配电价格，再根据测算的该配电网配电价格与本省其他配电网配电价格的加权平均来最终确定该配电网的配电价格。在首个监管周期，可给予该配电网以较高权重。配电网差异较小的地区，也可以同类型配电网社会平均先进水平为基准，按省分类制定标杆配电价格。

调整机制

明确配电价格监管周期。政府制定配电价格的监管周期原则上为三年。招标确定配电价格的有效期限，以配电项目合同约定期限为准。

做好过渡阶段价格衔接。配电价格确定前，电力用户与配电网结算的输配电价暂按其接入电压等级对应的现行省级电网输配电价执行。配电网区域内列入试点范围的非水可再生能源或地方电网区域内既有的小水电发电项目与电力用户开展就近交易时，用户仅支付所使用电压等级的配电价格，不承担上一电压等级的输配电价。配电网区域内不得以常规机组"拉专线"的方式向用户直接供电。

做好与存量地方电网配电价格衔接。省级价格主管部门应按照尊重历史、合理衔接的原则，在不增加交叉补贴的前提下，制定地方电网配电价格，与现行省级电网输配电价、趸售电价等做好衔接，并逐步过渡到按《关于制定地方电网和增量配电网配电价格的指导意见》确定的方法核定配电价格。

鼓励建立激励机制。在一个监管周期内，配电网由于成本下降而增加收入的，下一监管周期可由配电网和用户共同分享，以激励企业提高经营效率、降低配电成本。

结算制度

分类结算电价。配电网企业根据配电网区域内实际供电用户类别、电压等级和用户用电容量向电力用户收取电费，再按省级电网分电压等级、分用户类别的输配电价，向省级电网企业支付输配电费。

综合结算电价。配电网企业根据配电网接入省级电网的接网容量和电压等级，按省级电网两部制输配电价，向省级电网企业支付输配电费。

配电网区域内的电力用户（含自发自用电量）应承担国家规定的政府性基金及附加等社会责任，由配电网企业代收、省级电网企业代缴。在配电网与省级电网接入点，由省级电网专为配电网建设变电站的，省级价格主管部门可探索核定由配电网承担的接入费用，并适当调整配电网与省级电网之间的结算电价。配电网与发电企业的结算，按照调度协议约定的主体执行。

十

热点
研究

我国电力现货市场建设的思考

推进电力现货市场建设，实现市场配置资源，引导能源转型发展，成为当前电力行业发展一项重要任务。电力现货市场建设需要遵循市场普适性原则和电力系统特定规律，并受国情、电力发展状况、改革者偏好等一系列主客观因素影响，宜因地制宜、稳妥推进。分析我国电力现货市场建设必要性、建设原则、建设关键问题，探讨电力现货市场建设路径。

一、我国电力现货市场建设意义

现阶段电力行业发展在电源合理建设、系统灵活性提升、新能源消纳等方面面临一系列挑战。现行中长期交易仅实现了电量市场化，需要建成现货市场提供分时价格信号，完成电力市场化，共同形成完整市场体系，才能切实发挥市场作用，有利于破解电力行业发展问题。

1. 依托电力现货市场提供的时空价格信号，引导电源、电网、负荷合理投资，促进资源优化配置

电力现货市场电价具有时间和空间双重属性，时间上，电力供需决定了电价水平，电力高峰时段较高的电价水平能够引导用户开展需求侧管理，在负荷低谷时刻用电，平抑系统峰谷差，减少备用率和开机需求；空间上，不同节点处电价水平不一、发电资源价值不同，市场激励在高电价电源紧缺地区建设电源，在低电价能源基地建设负荷，实现电源均衡分布，并发现电网阻塞断面，引导电网合理投资。

2. 促进煤电升级转型，引导灵活性电源发展

煤电行业受制于自身发展结构、布局问题，加之清洁能源保障收购政策，煤电利用小时数保持低位水平，固定电价下发电收益难以保障。电力市场下，基于电力在不同时段具有不同价值的稀缺定价机制，通过制定合理的价格帽，可以调动发电主体竞价积极性，主动作为，开展机组灵活性改造，提升运行调节能力，争取利用小时数，并以电力峰荷时段较高的电价水平保障机组收益。

3. 促进新能源消纳

电力现货市场可以很好地引导和促进新能源消纳，通过设计合理报价、调度及出清机制，适应新能源具有的出力随机性、低边际成本特点，统筹引入配额、绿色证书

等制度，使新能源能够在竞价中处于合理位置，保障发电收益。同时，通过电力现货市场给予的价格信号，引导调峰电源主动配合新能源运行，新能源大发时刻，出清价格低，调峰电源主动降低出力，负荷高峰时刻，价格高，收回降低出力损失。

4. 支撑配售电改革，促进新兴业态发展

电力现货市场提供的分时电价将成为售电公司提供增值服务的重要前提，能够促使售电公司分析市场价格规律，总结用户用电特征，引导合理用电，促进用户用电状态从无序向有序发展，催生用户侧储能等新兴技术发展。电力现货市场能够引导增量配电网集成分布式发电等技术，作为一个整体灵活参与市场，在电源和负荷之间切换，实现盈利和创新发展。

二、我国电力现货市场建设思路探讨

1. 符合国情，由"简单"起步，分阶段建设，差异化发展，积极稳妥推进

从计划到市场是对现行电量分配机制、调度体系革命性的改变，市场形成是一个不断演变完善的过程，考虑到保障民生，市场初期需要保留相当部分计划电量，并且现有法律法规，电网安全、可靠性及规划管理体系，以及调度技术支持系统等需要适应市场体制而转变。因此，电力市场建设和发展需要由"简单"起步，分阶段实施，先行运行电力市场基本单元中长期市场、实时市场，培育市场经验。

同时，各省电力市场建设面临的问题和改革起点不同，宜坚持"省试点起步，差异化发展"原则，具备条件地区依据实际情况稳妥推进市场体系建设，而部分电力发展相对落后地区仍可采用垂直一体化的管理模式。

2. 剖析国外电力市场设计内在逻辑，科学借鉴经验

国外电力市场发展经验表明，市场建设试错成本巨大，考虑到我国电力市场建设经验薄弱，市场主体的市场运行知识和能力不足，市场运营系统技术规范缺失，因此，宜在市场建设初期开展市场顶层设计时，借鉴国外成熟电力市场经验，追溯市场构建轨迹，分析市场建设遵循的普适性原则和内在逻辑，避免典型改革错误，保障改革成功。

3. 坚持问题导向，解决突出矛盾，适应电力转型发展要求，建设中国特色电力市场

任何国家电力市场都是独特的，我国建设电力现货市场特殊性表现在：①我国能源资源呈逆向分布的禀赋特性决定了能源基地开发外送的发展战略，推进资源在大范围内优化配置应是电力市场建设的重要目标，通过电力市场建设，发挥电源基地具有的资源集约化和价格优势，以集中竞价、发电权交易等方式参与受端市场，打破省间

市场壁垒，实现互惠互济；②电力现货市场建设应配合并支撑电力工业发展战略的实施，推动电力向清洁低碳安全高效转型，设计合理机制，处理好外部性政策与市场关系，建立有利于清洁能源消纳、有利于灵活性资源发展、有利于需求侧管理技术应用的市场环境。

三、我国电力现货市场建设模式选择和实施路径分析

1. 电力现货市场建设模式

从外部来看，电力市场建设受国情、电力发展状况、改革者偏好等一系列主客观因素影响，以美国为例，电力发展相对落后地区仍采用垂直一体化的管理模式，实施电力市场化地区采用的市场模式在容量市场、机组管理等方面存在较大差别。

从内部来看，电力市场体系涵盖交易时序、交易对象、交易标的、交易机制四方面要素，交易时序包括中长期、日前、日内、实时，交易对象包括电能量、辅助服务、容量、输电权，交易标的包括金融、物理，交易机制包括报价机制、出清机制、调度机制及结算机制。

日以上交易为中长期交易，日前至实时调度前交易为现货交易，两者既在交易对象、标的、机制方面存在差异，又紧密联系，相互支撑。中长期交易可分散或集中组织，交易对象包括电能量、容量，交易标的物理或金融，现货交易需要集中组织，交易对象包括电能量、调频服务，交易标的一般为物理。

确定中长期和现货交易的交互关系形成了两类典型市场模式，亦奠定了电力市场基本发展方向和具备的功能，一类为分散式市场模式，主要开展发用双方间的中长期实物合同交易，交易电量占比达到90%以上，交易周期由远期滚动至日前，交易双方在日前自行确定发用电曲线，交由调度机构执行，10%不平衡电量通过实时市场交易；一类为集中式市场模式，全部电量由调度交易机构组织集中交易和执行，发用双方通过签订中长期金融合约对冲现货交易风险。

中长期和现货交易体系设计需遵循电力系统特定规律，当电力系统网络结构相对集中、简单，阻塞较少出现，且发电资源和负荷分布相对均匀时（如英国现有电网结构，双边物理合约被执行的机率较大），可以采取以中长期物理交易为主的分散式市场模式。当电力系统网络结构复杂、潮流分布复杂，阻塞严重时（如澳大利亚现有电网结构），系统不具备执行大量双边物理合约的条件，适当的双边物理合约需要与剩余大部分电量进行统一竞价出清，形成集中式市场模式。

因此，尽管国家提出了以中长期交易规避风险，现货市场发现价格的电力市场发

展顶层路线，然而各省落实国家顶层路线进行电力市场建设时，需要结合自身社会经济发展条件、电力发展亟待解决的矛盾、电力系统状况、各类主体市场接受能力，依据实际情况开展市场模式设计。

2. 电力现货市场建设步骤

（1）建立良好的制度环境，理顺主要机构关系，为电力现货市场建设提供前提保障。

电力市场建设本质是体制机制的变革，现行电力法律、法规，以及监管、信用机制难以适应电力现货市场建设的需要，一方面，亟待开展现行电力法律、法规修订工作，建立健全电力市场管理架构，建设完善市场监管体系和信用保障机制，为电力市场建设和运行提供法律和政策依据，另一方面，电力交易、调度机构在市场运行、交易结算等方面的职能定位，将对电力市场模式确定、运行公平性产生决定性影响，需要科学、合理设置，保障主体进入市场信心。

（2）遵循科学步骤推进电力现货市场设计，避免改革失败成本。

电力市场建设分为设计、实施、试运行、正式运行、评估调整等阶段。其中设计环节包括框架设计、规则设计、规则仿真和评估、主体培训、技术支持系统建设。市场模式设计对将来市场运营效率、市场主体效益及电力系统安全稳定运行都具有决定性影响，往往关系着电力市场改革的成败，市场建设试错成本巨大。因此，电力市场设计重要性显著，需要模拟完善、科学稳妥推进。

3. 电力现货市场建设路径

基于上述分析，我国电力现货市场分阶段发展路线如下：

2020年前为初期市场，以省市场为主，培育传统发电侧参与的电力现货市场，计划电量、清洁能源按保量保价方式参与市场。实施大部分电量中长期物理合约交易和小部分电量现货交易的市场模式，建立初步的现货市场交易机制和风险管理机制，增强主体市场运行能力，引导售电公司创新商业模式。

2020年为中期市场，仍以省市场为主，建立健全合约交易市场，优化中长期交易合同按金融合约方式执行，扩大现货市场交易电量，逐步过渡到全电量现货市场模式。融合绿证交易、碳交易市场，推动清洁能源机组正常参与市场，实施双向报价机制，推动负荷参与市场，扩大市场覆盖面。同时，省市场建设过程中应注重未来市场融合，市场外部接口设计原则需要统一和协调，坚持柔性设计，逐步过渡到区域、国家统一电力市场。

2020年后为远期市场，开展省市场运行的协同、优化，完善省间电力市场交易机制、输电联络线投资机制，启动建立区域或全国电力市场，实现更大范围内通过市场配置资源。 **D**

增量配电业务改革的进展回顾与建议

截至 2017 年底，国家发改委、国家能源局共批复第一、第二两个批次共计 195 个增量配电业务改革试点项目。增量配电业务改革试点项目引发各方关注，已经成为新一轮电力体制改革的焦点和热点。

受国家发改委、国家能源局委托，电力规划设计总院 2017 年承担了全国范围内首次电力体制改革进展与成效评估工作，并一直持续跟踪各省增量配电业务改革试点推进情况。结合我院"电力体制改革与电力市场运行信息平台"监测和收集到的情况，回顾 2017 年增量配电业务改革进展，并就进一步推进改革提出建议。

一、增量配电业务改革试点项目的进展与成效

1. 第一批试点项目总体进展情况

第一批 106 个增量配电业务改革试点分布在安徽、福建、河南等 29 省（区、市）。其中，国家电网范围内试点 83 个，南方电网范围内试点 20 个，内蒙古电力（集团）有限责任公司范围内试点 3 个。

据调研，上报的 29 个省（区、市）工作进度快慢不等，总体分为四类：①兵团、天津、江西、浙江、辽宁、云南、河北、海南试点工作推进最快，区域内试点全部已开展和纳入规划，并确定项目业主，部分项目已经与电网公司就配电区域达成协议。②河南、贵州、福建、安徽、重庆、广东、内蒙古、宁夏、山西、陕西和黑龙江试点工作推进较快，试点项目基本都已开展规划，确定了部分项目业主。③湖北、湖南、广西、上海、甘肃、青海、四川和江苏试点工作推进速度一般，试点基本都已开展和纳入规划，但无项目确定业主。④北京和吉林试点工作推进较慢，部分试点开展和纳入规划，尚无项目确定业主。

2. 各地政府积极出台配套政策措施

各级政府均高度重视增量配电业务工作，积极完善政策环境，出台配套措施，推动试点项目落地。主要体现在以下几个方面：①制定增量配电业务改革试点工作方案或实施细则，如湖南、福建等；②出台项目业主招标实施细则，如重庆等；③印发增量配电网改革试点项目管理暂行办法，如海南等；④出台增量配电网技术标准，如江苏等。

3. 项目业主优选进展成效显著

截至 2017 年 12 月，第一批 106 个增量配电网改革试点项目中 73 个项目确定了业主，其中 36 个项目业主为非电网企业，7 个项目获得了供电业务许可证。

二、各方对发展增量配电业务的态度

地方政府对于发展增量配电业务态度积极，希望通过增量配电业务改革，释放改革红利，降低园区企业用户用电成本，营造良好营商环境，提升招商引资的新引力，培育地方经济新的增长点，让电力体制改革惠及地方实体经济。

电网企业是推动增量配电业务改革的重要力量，希望在保证安全可靠供电的前提下，积极参与和融入增量配电业务改革，对于试点项目有的企业提出"宜控则控、宜参则参、宜放则放"的方针。由于涉及电网企业存量资产利用效率、原有供电营业区碎片化、售电量流失等问题，也有一些地方电网企业与地方政府及社会资本在改革关键问题上存在一定分歧。

社会资本参与增量配电业务改革的热情比较高。由于传统能源产业发展遇到一定瓶颈，通过增量配电业务改革可探索新兴业态的发展模式，为不同客户群体提供差异化的服务，实现多元主体优势资源整合，创新社会资本参与能源市场的运营模式与商业模式，创新商业模式与运营模式，实现企业转型升级。

三、增量配电业务改革存在的问题

第一批及第二批试点项目批复已经历时一年半，推进过程并不十分理想，改革过程中深层次的利益矛盾较为突出。主要表现在以下几个方面：

1. 部分增量配电网项目实施缺乏统筹规划

一些地区增量配电网项目实施过程中存在政府规划职责不清，规划管理流程不畅，增量配电网规划与地方配电网规划、地方配电网规划与省级主网规划、产业规划与电力规划之间缺乏有效统筹衔接等问题，导致增量配电网试点区域内重复建设多发。此外，个别地区存在以增量配电网名义发展区域电网及自备电厂的情况，形成了新的"厂网不分"的问题。

2. 各方对"增量"和"存量"配电网业务的界定存在明显分歧

地方政府、电网企业及社会资本对"增量"和"存量"的界定尚存在一定的分歧。部分电网企业主张园区试点项目中新建的 220 千伏变电站仅限定为单一用户服务的用户专用变压器，导致在规划编制、电网接入等问题上存在分歧。

3. 试点范围内电网企业存量资产处置存在障碍

增量配电网试点项目多涉及电网企业的存量配电设施，妥善处理存量设施，有利于避免重复投资及交叉供电。目前相关文件对电网企业存量资产处置虽然出台一些措施，但电网企业对试点范围内的存量资产处置积极性不高，第一批试点在配电区域划分过程中多将电网企业存量资产划在增量配电网项目配电区域。

4. 增量配电网的市场定位需进一步明确

相关社会主体对增量配电网到底是电网还是用户的认识存在一定分歧，这使得各方在项目是否需要向电网企业缴纳基本电费、增量配电网是否允许公共电源接入上存在分歧。

5. 增量配电网项目产生机制有待完善

主要表现在以下三个方面：①项目遴选机制不够完善，缺乏明确的准入标准，遴选随意性较大。②部分项目所在供电区的负荷增长存在一定的不确定性，盈利风险较大。③个别项目社会资本投资积极性不高，项目落地困难。

6. 对增量配电业务改革相关市场主体的有效监管尚未形成

增量配电业务改革中的相关市场主体强弱比较悬殊，所掌握的资源有所不同。对增量配电业务改革相关市场主体的有效监管尚未形成，在相关市场主体对增量配电业务改革存在分歧的情况下，增量配电业主一方容易处于不利的位置。

四、相关建议

1. 进一步明确增量配电网的定位

增量配电网应被视为电网还是用户，是关系增量配电网发展的根本性问题，是处理大电网与增量配电网关系的前提条件，涉及增量配电网是否缴纳基本电费、是否允许公共电源接入等一系列重大问题。增量配电网业主的电网企业定位以及相关职能权限，应得到进一步的明确和强调。

2. 建立增量配电业务试点项目跟踪评估机制

选取"优质"项目纳入增量配电业务改革试点，目的是促进配电网建设发展，提高配电运营效率。应重视以下三方面的评估：①重点从宏观经济形势，产业政策等方面对负荷的成熟度进行评估。②从配电网项目建设时序与负荷增长的匹配程度等方面对投资的合理性进行评估，避免过度投资、超前投资。③从经济效益分析等方面对项目的经济性进行评估。

3. 在项目规划流程中设置重复建设辨识环节

增量配电业务改革环境下，要高度重视由于规划失衡、失范和失控带来的重复建设和投资浪费问题。为避免上述问题，需要进一步理顺增量配电试点项目的规划流程，特别是对纳入规划范围的存量和增量配电设施开展投资浪费和重复建设辨识论证工作。辨识论证的过程和结论要在规划方案中以专门篇章的形式体现。规划评审结论中要对是否存在重复建设给出明确意见。

4. 建立试点范围内存量资产的协调和处置机制

试点范围内包含一定量的存量资产，往往难以避免。有利于发挥存量资产与增量的协同效应。可以考虑通过以下几种方式对试点范围内存量资产进行处置：①通过股权合作等方式成立产权多元化公司经营配电网；②由增量配电网项目业主对电网企业存量资产进行收购；③由电网企业将存量资产租赁给增量配电网项目业主；④法律法规规定的其他方式。

5. 加强增量配电网规划与输电网规划的统筹衔接

对于已经批复的增量配电业务改革试点，制定试点项目规划要统筹衔接输电网规划与配电网规划、政府规划与企业规划建议、增量配电网专项规划与地方配电网规划，实现配电网优化布局，避免无序发展和重复建设。同时，增量配电网项目规划应与配电网规划充分衔接。

6. 加强对增量配电网建设的事中事后监管

应加大对该领域的监管，规范相关市场主体的行为，为推进增量配电业务改革提供良好的监管环境。发挥派出机构监管职能，加强在事中事后对市场主体准入、电网公平开放、电力普遍服务、基本建设程序履行、市场秩序等情况的监管，及时纠正出现的问题，依法查处违法违规行为。**D**

构建全国新能源消纳监测预警体系，助力新能源持续健康发展

一、新能源消纳问题已成为制约新能源发展的关键

随着风电、光伏发电等新能源装机比重快速提升，我国新能源发展的核心已经逐步由开发侧转移到系统侧。统筹新能源与化石能源电源、发电侧与用电侧，推动电力系统优化与革新，促进新能源消纳，是当前及未来相当长时期内我国电力工业面临的重大命题。

1. 消纳是新能源电源与电力系统融合协调发展的基本前提

风电、光伏发电属于电量型电源，其对系统的主要价值体现在提供绿色低碳的电量，只有充分消纳新能源电量才能发挥新能源电源的价值，只有解决了消纳问题，新能源才能健康发展。

从风电、光伏发电发展历程来看，早期的主要问题集中在开发侧，例如资源勘查、开发成本、设备选型等。初期的弃风、弃光问题也主要是开发侧的并网技术问题，包括并网接入标准不完善等。例如 2011年多次出现的风机大面积脱网事故，引发对风电并网安全的担忧，是造成弃风的重要因素。经过多年的发展，开发侧的问题已基本得到解决或已找到了成熟的解决路径。

目前，全国新能源发电装机比重从 2011年的 4%升高到 2017的 17%，即将成为我国第二大电源，其在电力系统中的地位和影响发生了显著的转变。新能源发电对电力系统的影响由局部向全局扩展，新能源的波动性和不确定性在大系统中迅速放大，对传统的电力系统运行格局产生了深远影响。例如，光伏装机比例高的地区净负荷低谷已由后夜转移到了中午，风电的出力波动引起电力潮流大范围转移以及机组启停更加频繁。这时的弃风、弃光更多是由于电力系统的调节能力受限和运行机制调整受限造成。新能源消纳因此成为新能源发展面临的首要问题。

2011~2017年装机情况（单位：万千瓦）

2. 消纳是发挥新能源电源边际成本优势的重要保障

风电、光伏发电的边际成本接近于零，但初始投资较高，只有充分保障新能源电源的利用小时数，才能将新能源发电的平均成本摊薄。目前，我国可再生能源补贴资金缺口已超过 1100 亿元，实现新能源发电平价上网的任务十分紧迫。近年来，我国新能源开发成本迅速下降，2011年至今风电、光伏发电单位千瓦投资分别下降了约20%、50%。但新能源消纳问题得不到解决，平价上网将难以实现。例如，我国西部北部有大量利用小时数在 300 小时左右的风电开发资源已具备了平价上网的条件，若能解决这些地区的消纳问题，将促进新能源发展走上良性循环，并且随着开发成本的进一步降低，新能源将为这些地区提供绿色、低成本的清洁能源供应。

二、科学构建新能源消纳监测预警体系的重要意义

新能源发展模式正逐渐由资源条件为导向转为市场消纳为导向。2017年，《国家能源局关于可再生能源发展"十三五"规划实施的指导意见》（国能发新能〔2017〕31号）明确提出了要将加强市场消纳条件的落实作为新能源开发的前提条件。国家发展改革委和国家能源局印发的《解决弃水弃风弃光问题实施方案》（发改能源〔2017〕1942号）中明确提出"实行可再生能源电力消纳预警机制，对各地区年度可再生能源电力限电情况进行评估"，实现对全国新能源电力消纳的"按月监测、按季评估、按年预警"。

新能源消纳问题是电力系统的整体问题，涉及各方面各环节，需要国家从宏观和全局层面加强监管和调控。目前，国家主管部门对新能源消纳主要采取事后监测，对于已经发生严重弃风、弃光的地区取得了较好的调控效果。但事后监管存在一定滞后

性，并且新能源发电项目往往具有项目分散、建设周期短、运行不确定性大、与电力系统耦合机理相对复杂的特点，仅依靠事后的宏观统计难以满足新能源快速发展的形势需要。因此，亟需建立全面科学准确的全国新能源消纳监测预警体系，提升事前预警能力，科学预测评估未来新能源消纳水平，为政府管理部门决策提供支撑，为行业发展释放正确的信号，推动新能源高质量发展。

三、我国新能源消纳监测预警体系构建的基本思路

新能源消纳监测预警体系应广泛收集电网企业、新能源企业以及相关咨询机构发布提供的监测数据，综合各方意见，全面客观反映全国新能源消纳状况，并通过电力规划数据滚动分析，对未来全国新能源消纳前景进行系统性研判，实现全国各地区新能源消纳状况的"按月监测、按季评估、按年预警"。

1. 开发完善科学准确的分析预测模型，建立新能源消纳评估综合指标体系

大规模分散的、出力随机波动的新能源并网对电力系统运行仿真的时间/空间精细度提出了更高的要求。新能源的出力不确定性，使得跨省跨区间短时的调峰互济规模扩大、更加频繁。电储能、电供暖、电动汽车、可中断负荷等灵活负荷的引入，以及电力市场化改革的不断推进对仿真建模的灵活性提出了更高要求。因此需要尽快开发完善适应性更好、精度更高的全时域、多区域联合优化仿真模型，为科学准确预警提供技术支撑。

新能源消纳涉及不同的地域范围、时间范围和消纳环节。除了常用的新能源弃风弃光率、利用小时数指标外，还需从系统的运行效率和经济性最优的角度，研究提出新能源就地消纳比重、调峰电源利用率、输电通道新能源输送比重、网架受限比例、调峰受限比例、季节、日内时段消纳不均衡度等一系列综合指标来全面衡量一个地区新能源消纳利用水平。

2. 建立多方会商的工作机制，搭建开放共享的信息平台

新能源消纳涉及能源和电力系统的各方面、各环节，需要充分吸纳各方意见，反映各方诉求，才能全面、准确地反映行业发展面临的问题和趋势。在国家能源局指导下，采用多方会商形式，组织地方能源主管部门、电网企业、新能源发电企业和相关咨询机构等单位，对新能源消纳预警初步结果和消纳受限原因等共同进行分析研判，形成促进新能源消纳的共识。

为了准确进行新能源消纳仿真预警评估，需要尽可能完整的综合电力系统结构和运行的各项数据，包括各风电场、光伏电站标杆机组（逆变器）不限电逐小时发出功

率、实际发电曲线、跨省跨区通道输送能力和实际送电曲线等。这些数据分散在电网公司、发电企业、政府部门、技术机构等各单位，需要通过国家级的公益性、开放性平台，在遵守相关信息安全法律法规的前提下，各单位之间实现数据的互联共享，研究成果经国家能源局审核后，采取适当方式向社会发布。

3. 做好与现有可再生能源信息统计体系的协调衔接

目前，相关技术单位已经承担了部分新能源项目的信息统计报送工作，形成了常态化的机制。这些工作为建立全国新能源消纳监测预警体系提供了很好的基础。在充分利用已有的信息渠道和数据的基础上，全国新能源消纳监测预警体系更加注重从电力系统整体角度，对未来新能源消纳趋势进行分析研判。

四、相关建议

1. 加强国家层面的统筹管理

新能源消纳是一项系统工程，本质上是一个电力系统综合优化问题。因此，新能源消纳要加强顶层设计，在新能源的开发和消纳利用需要做到"全国一盘棋""能源系统一盘棋"，加快全国新能源消纳监测预警平台的建设。

2. 形成动态闭环的监测预警体系

新能源消纳监测预警实现了科学监管的第一步，在此基础上还要有促进新能源消纳的具体举措，并通过监测预警体系来促进措施的落实。新能源消纳监测预警结果建议作为新能源规模布局、火电灵活性改造、调峰电源建设、电网通道建设等工作的重要依据，并为相关规划制定和滚动调整提供参考。

3. 形成开放共享的监测预警体系

建议新能源消纳监测预警做到数据开放共享、结果多方会商。地方主管部门、电网企业、发电企业乃至大用户均有义务向国家能源主管部门及时提供数据，同时参与新能源消纳预警研究。在遵守相关信息安全规定的情况下，通过国家能源主管部门授权，原始数据和分析评估结果向地方主管部门、行业企业以及社会公众发布，实现群策群力，互利共赢。**D**

大型水电市场化消纳机制
——用电权交易市场研究

水电作为当前最成熟的可再生清洁能源，是我国能源结构的重要组成部分，也是能源结构转型的重要力量。截至 2017 年，全国水电装机容量 34119 万千瓦，全年发电量 10818.8 亿千瓦时。近年来，受电力供需形势变化等因素的影响，弃水现象不断发生，2017 年弃水电量达到 515 亿千瓦时。为了从体制机制上有效解决弃水问题，结合电力市场改革精神，对通过建立用电权交易市场促进大型水电消纳问题进行研究和探讨。

一、目前大型水电消纳模式及存在的问题

1. 大型水电消纳模式

目前，我国大型水电消纳模式主要分为两类：①以长江流域三峡、溪洛渡等电站为代表的国家计划模式；②以澜沧江、金沙江中游电站为代表的地方政府协议模式。

国家计划模式由国家能源部门主导，水电站运营单位、相关电网公司共同协商确定购售电协议。该模式下电网企业同步建设配套输电线路，电力电量纳入受端各省市平衡，电价由国家定价或受端省市标杆电价倒推形成。地方政府协议模式由送受端政府签订中长期框架协议，电力企业根据框架协议签订购售电合同，协议电价一般不高于受端省份标杆电价，协议外电量和价格由市场化机制形成。

2. 存在的主要问题

首先随着供需形势的变化，送受端地区对水电消纳提出了新的诉求。一方面，部分送端地区电力供应形势趋紧，希望进一步增加水电留存电量；另一方面，部分受端地区供需形势宽松，要求外来水电参与市场化交易，降低落地电价。

其次当前的水电消纳模式无法完全适应新形势的要求。国家计划模式直接分配受端地区的消纳比例，难以根据短期供需变化灵活地进行电量调整，无法发挥市场调剂余缺的作用；地方政府协议模式引入了市场化的协商机制，但仅限于在地方政府之间开展，市场主体活力未得到充分释放，并且协议的执行力和约束性难以充分保障。

二、大型水电用电权交易市场定位和必要性分析

1.市场定位

大型水电用电权交易市场是在当前水电站电能分配基础上开展的二次交易，由购电方购买售电方持有的水电站分配电量的使用权。

用电权交易市场将分配的物理性电量转换为金融性权利，根据各地电力供需形势和电价差异通过交易进行二次配置，从而实现金融性用电权与物理性用电权的解耦。参与用电权交易的电量保持原上网电价和落地电价不变，市场主体的原有利益不变。

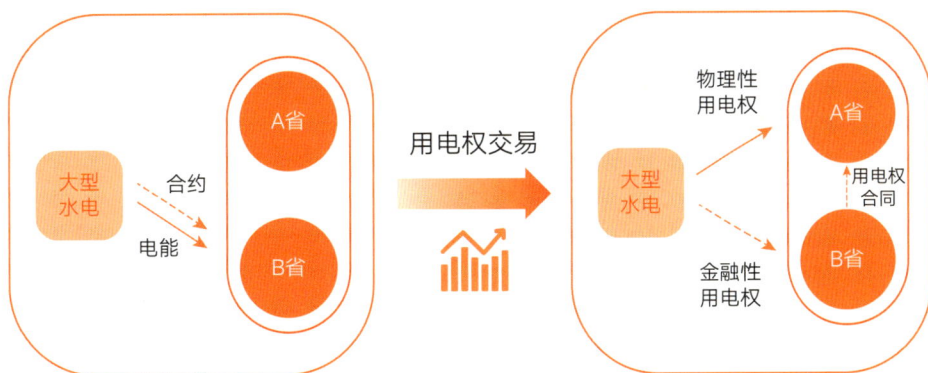

用电权交易市场示意图

2.必要性分析

首先，开展用电权交易有利于根据送受端地区的电力供需形势调整电能分配，发挥市场在资源配置中的决定性作用，既保留原有电能分配模式的优点，又通过市场化方式弥补其缺陷。

其次，随着电力供需形势的变化，部分区域客观上形成了高电价省份向低电价省份大量输送电能的格局，局部出现了资源配置扭曲的情况，开展用电权交易可以通过市场自发地对电力流向进行调整，优化能源配置。

第三，随着可再生能源配额制等政策的推进和实施，用电权交易市场为市场主体提供了一个自由交易水电的交易平台，有利于推动可再生能源配额制政策落地，促进大型水电消纳。

最后，用电权交易市场符合电力市场改革精神，国家支持采用市场化方式解决发展中的问题，明确提出跨省跨区送电可以通过协商或市场化交易方式确定送受电量、价格，开展用电权交易市场有利于推动电力市场改革进程。

三、大型水电用电权交易市场设计原则

首先尊重历史，利益兼顾。大型水电的电能分配机制是经过长期的历史过程形成的，涉及的因素较多，市场化改革应在充分尊重历史、兼顾各方利益的前提下，采用灵活的交易形式，完善资源优化

配置方式。

其次保证安全，稳步推进。大型水电输出功率较大，电能分配机制的变化将改变系统潮流和运行方式，对电力系统的稳定运行造成影响。市场化交易应在保证系统安全的前提下，分阶段分步骤开展，逐步扩大交易规模。

最后市场导向，自主公开。坚持市场化导向，通过市场方式形成电量分配和结算价格。在市场中，买卖双方依法依规、自主自愿参与市场，实现市场流程公开、公平、公正。

四、大型水电用电权交易市场开展思路

1. 交易模式分析

按照是否补偿输电费用的区别，将用电权交易市场分为两种模式：①交易电量的上网电价、售电省差额补贴保持不变；②上网电价、输配电价、售电省差额补贴三者均保持不变。售电省差额补贴指水电在售电省落地电价与该省标杆电价的差额。

（1）模式一。

以某水电站为例，A、B两省为该电站计划模式下电能分配省份，两省相关电价数据如下表所示。

交易相关省份电价表　　　　　　　　单位（元／兆瓦时）

省份	水电上网电价	落地电价	输电价	标杆电价	落地标杆价差
A 省	250.6	307.3	56.7	416.1	108.8
B 省	230.6	334.6	104	384.4	49.8

A省购买 B省用电权需要支付的费用为 B省上网电价、A省输电价和 B省落地电价与标杆电价差额等三项费用之和。A省支付的用电权价格与本省标杆电价差即为该交易的价差空间。

该模式下，用电权交易价格 =卖方省份的上网电价 +买方省份的输电价 +卖方省份的落地电价与标杆电价的价差。需要说明，购电省并不限定为水电初始分配省份，当电站和购电省之间拥有输电通道且存在价格空间时即可开展交易。

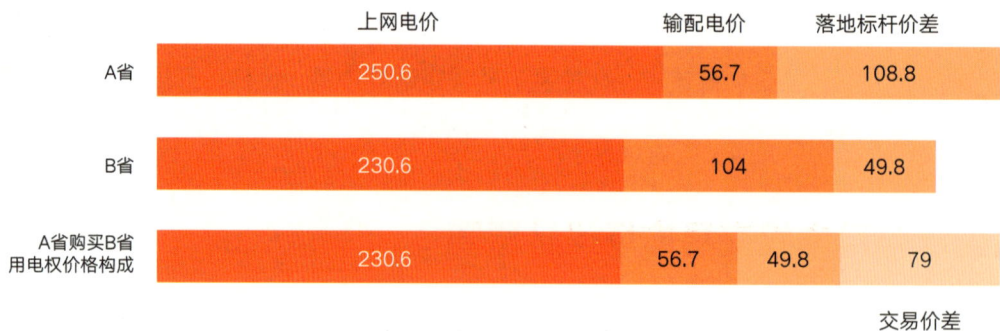

模式一A省购买B省用电权价格图　　单位（元/兆瓦时）

（2）模式二。

模式一根据交易后实际输电通道收取输电费用，在输电费用变化后影响输电方利益，模式二保持原有输电费用不变。此时，用电权交易价格等于卖方省份的标杆电价，购电省与售电省标杆电价的价差即为交易空间。

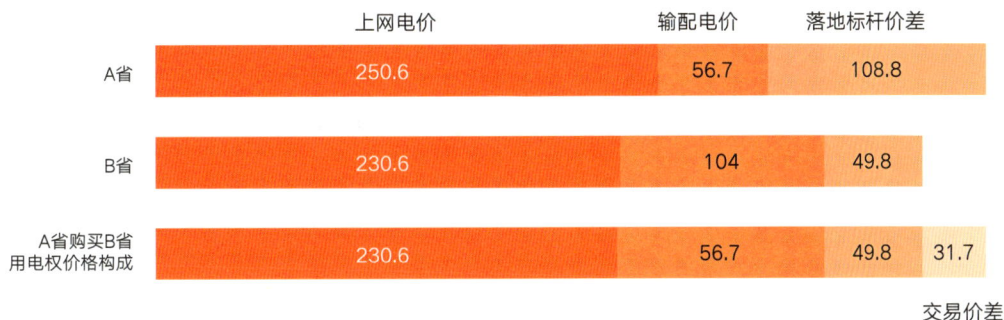

	上网电价	输配电价	落地标杆价差	
A省	250.6	56.7	108.8	
B省	230.6	104	49.8	
A省购买B省用电权价格构成	230.6	56.7	49.8	31.7

交易价差

模式二A省购买B省用电权价格图　　　单位（元/兆瓦时）

2. 交易组织

用电权交易市场的市场主体包括购电方、售电方、交易机构、调度机构等。为便于操作，购电方和售电方可以暂由各省电网公司代理，在条件成熟的情况下，可将售电省发电机组引入交易市场，以竞价方式增补出售的电量空间。

用电权交易市场可以采用的交易形式包括协商、挂牌或集中竞价等。收益分配由对应的交易形式确定。考虑水电用电权交易的特性，交易周期应以中长期为主，协商式可以根据交易双方意愿确定，竞价方式周期包括年度和月度两种。

五、相关结论及建议

大型水电用电权交易是在电力市场化改革大背景下对水电消纳市场化机制的探索与创新，对于优化水电资源配置具有重大意义。建议深入研究大型水电站用电权交易实施方案，推动电力市场改革向纵深发展。

广泛征求各方意见，协调各方利益。市场方案、规则编制过程中，广泛征求意见，汇集各方智慧，充分考虑市场主体诉求，寻找利益交集和平衡点，在共识的基础上，形成尊重历史、利益兼顾、收益分享的市场化机制。

稳步有序开展市场交易。大型电站电能分配既涉及众多市场主体利益，也影响着电力系统的安全稳定运行，建议在执行过程中，试点先行，逐步放开交易规模，确保实现与现有调度生产运行的有序衔接，保证电网安全和市场平稳运行。 D

推动传统工业城市绿色发展，推广可再生能源就地利用

一、传统工业城市能源绿色转型的意义

随着能源生产和消费革命持续深入以及新能源快速发展，我国城市化建设将探索绿色、低碳、可持续的新型发展之路。目前在我国北方地区有大批基于传统重工业体系发展的城市面临着工业绿色转型和民生清洁用能的迫切需求，非化石能源在一次能源消费中的比重仍然偏低。这些城市本地及周边往往拥有十分丰富可再生能源资源。但同时，受电力系统基础条件和体制机制的制约，已建成的新能源项目又存在严重的消纳问题。这些工业城市可再生能源消纳的常见瓶颈包括：电网送出通道受限、工业自备电厂基本不参与调峰、供暖期热电调峰能力受限、灵活调峰电源占比低、市场机制尚未健全等。因此，探索可再生能源综合利用的新模式、新途径，大力促进可再生能源就地消纳是推动工业城市绿色转型的关键举措，由此形成的可再生能源供应体系也将为城市提供长期、绿色、低成本的能源供应，进一步吸引大量优质产业聚集。

为落实能源结构调整，满足能源转型发展的要求，2017年国家能源局选择在包头市、大庆市、齐齐哈尔市开展可再生能源综合应用示范区的规划编制工作。结合电力市场化改革开展新能源综合利用的试点示范，积极探索可复制推广的可再生能源消纳利用创新路径，重点探讨适用于传统工业城市可再生能源就地消纳利用相关思路和政策建议。

二、可再生能源就地消纳利用总体思路

传统工业城市可再生能源综合利用应基于存量优先、创新优化的原则，以可再生能源的电气化利用为核心，在确保解决存量可再生能源消纳的基础上，以落实消纳市场为前提，通过对应用技术、商业模式、政策机制的集成优化，尽快降低本地弃风、弃光率，不断扩大可再生能源应用规模，大幅提升本地可再生能源消费比重。

可采取新能源集中式开发与分布式开发并举的方式构建综合可再生能源供应体系，通过构建高效的柔性供电网络、智慧互动的多元化用能主体、灵活可靠的调峰电

源支撑、公平开放的市场交易机制，全面提升"源—网—荷"各环节的新能源消纳能力，可再生能源消纳利用全面渗透至城市工业、民生、交通、商业、农业等各个领域。

三、可再生能源创新应用模式探讨

1. 大工业领域可再生能源应用模式

可再生能源替代自备电厂发电是工业领域应用的重要切入点。传统工业城市的钢铁、电解铝等高耗能产业往往配备了燃煤自备电厂，这些自备机组一般不参与调峰、利用小时数很高，实施可再生能源替代的潜力很大。一方面，可利用公用电网的富余输电能力，按照市场化交易的方式实施可再生能源替代自备电厂发电。另一方面，可利用柔性直流等输电技术，实现可再生能源"点对点"直供工业用户，通过新能源与通道容量的优化配置和自备机组配合调峰全额消纳新能源电力，实现专线到户电价低于公网平均购电价，激发自备机组调峰积极性。

工业领域开展可中断负荷、可控负荷应用也能够增加新能源消纳空间。铁合金、电石等负荷快速降负荷较强、减产损失较小，电解铝负荷也具备一定降负荷能力。将这些工业负荷作为一种"虚拟电厂"调节手段，为大电网增加灵活调节资源，可提高电网应对新能源出力不确定性的能力。

2. 供暖领域可再生能源应用模式

北方城市冬季供暖用能总量较大，供暖期往往与大风期重叠，是风电等新能源消纳最困难的时段。推进北方城镇清洁取暖是中央提出的一项重要战略部署，一方面惠及民生、改善大气环境，另一方面对于促进可再生能源就地消纳也有重要作用。目前，实施清洁电供暖主要问题是供热收益偏低，收入来源单一，难以覆盖供暖项目建设成本；电供暖消纳可再生能源的效果未得到量化体现，项目运行不确定性较大。

建议因地制宜开展电供暖建设。在城区集中供热管网区域，尤其是接入热电联产机组的热力管网，就近建设灵活启停运行的大型电锅炉，由电网集中调度控制，在发生弃风、弃光时启动运行，除获得供热收入外，通过参与辅助服务市场获得额外的调峰收益；在集中热力管网未覆盖的地区，建设电锅炉及蓄热装置就近接入小区或园区二次管网，对电锅炉及蓄热装置的配置和运行方式进行优化，实现与可再生能源消纳的最佳匹配。同时，探索采取与新能源项目联营或 PPP 建设运营模式，降低项目风险。

3. 交通领域可再生能源应用模式

因地制宜发展电动汽车及配套充电基础设施，通过政策引导优先发展电动公交车、出租车、环卫车、公务车、电动矿车等，通过需求侧响应管理或通过售电商代理参与电力市场，利用实时价格信号引导电动汽车集中在风电、太阳能发电大发时段有序充电。

开展交通领域可再生能源制氢利用试点是可再生能源就地消纳的新途径。通过电解水制氢技术，将可再生能源电力转换为氢气，能够有效平抑可再生能源的出力波动。氢能在交通领域的应用包括：①氢燃料电池汽车，可在公交线路或旅游线路引入氢燃料电池大巴；②用于车辆的氢气与天然气混合燃料，可用于城市天然气出租车等。

4. 工商业和民用领域可再生能源应用模式

在具备开发条件的工业园区、产业园区以及商场学校医院等公共建筑规模化推广屋顶光伏发电系统。结合分布式发电市场化交易试点，建立分布式电力交易平台，引导新能源供需匹配和充分就地消纳，降低分布式新能源发电就近交易成本。

依托地区分布式电力交易平台，地方主管部门或园区管委会对光伏屋顶资源和分散式风电资源进行调查、统计和整合，促成分布式发电投资商、屋顶所有者、就近的电力用户、电网企业签订多方协议，降低项目风险，提高分布式新能源发电投资的积极性。

以包头可再生能源综合应用示范区为例，依托上述城市工业、民生、交通、商业等多领域可再生能源应用技术和商业模式的创新推广，将大幅提升本地可再生能源的消纳水平，提高包头市非化石能源消费比重。预计2020年包头弃风率由当前的30%下降至10%~15%，2025年进一步降至5%以内，基本不弃光；预计2020年、2025年包头市非化石能源消费比重由当前的4%分别提升至12%、18%。到2025年，包头市本地可再生能源年替代煤炭消费量折合约1000万吨标煤，相当于年减少二氧化碳排放量2600万吨。示范区的建设将显著带动新能源及相关技术产业发展，有力助推包头市产业绿色转型升级。

四、保障政策机制建议

1. 完善电力市场交易机系

加快建立地区现货市场和辅助服务市场；积极开展分布式发电市场交易试点，制定分布式发电交易规则，建立分布式电力交易平台；积极培育发电侧、用户侧市场主体。

2. 完善电力价格机制

建议对于可再生能源专线供电线路按照成本单独核定输配电价；对于新能源与清洁供暖项目、大工业自备电厂用户签订长期供用电协议的，其低谷增量电量可适当核减输配电价；探索建立可中断电价和峰谷电价机制。

3. 完善新能源规划建设管理模式

探索完善以市场消纳为基础的新能源项目年度开发管理模式，增量新能源项目与增量市场消纳空间挂钩；进一步简化分布式光伏、分散式风电的核准备案流程。

4. 完善电网调度运行管理

充分利用新能源消纳技术手段实现优化调度，合理安排发电计划，科学核定和结算新能源消纳技术措施效果；对于与清洁电供暖等消纳技术措施合作联营的新能源项目，按照技术措施实际增加消纳的效果增加新能源项目实际利用小时数。**D**

太阳能热发电电价分析及预测

在全球能源供应清洁化、低碳化趋势的背景下，太阳能热发电（简称"光热发电"）因兼具环保性、稳定性、可调节性和易于并网等特点，近年来发展迅速。按照政府提出的到 2030 年可再生能源发电量将占总发电量的 50% 的发展目标，以及国家能源局印发的《太阳能发展"十三五"规划》提出的到 2020 年光热发电装机达到 5 吉瓦的发展目标，全国光热发电市场前景广阔。

分析太阳能热发电的电价构成及影响因素，并对太阳能热发电的造价和电价趋势进行预测。

一、 电价的构成及影响因素

以塔式太阳能热发电机组，12 小时储热时间作为设计方案，对构成电价的各项成本进行分析，电价各项成本构成见下图。从图中可以看出，电价构成中占比较大的项目有初始投资、财务费用、修理费、销售税金及附加和所得税。

太阳能热发电电价的影响因素主要包括：初始投资，系统效率，年法向直接辐射照度（Direct Normal Irradiance，简称 DNI），储热时长，融资成本、税收政策等。

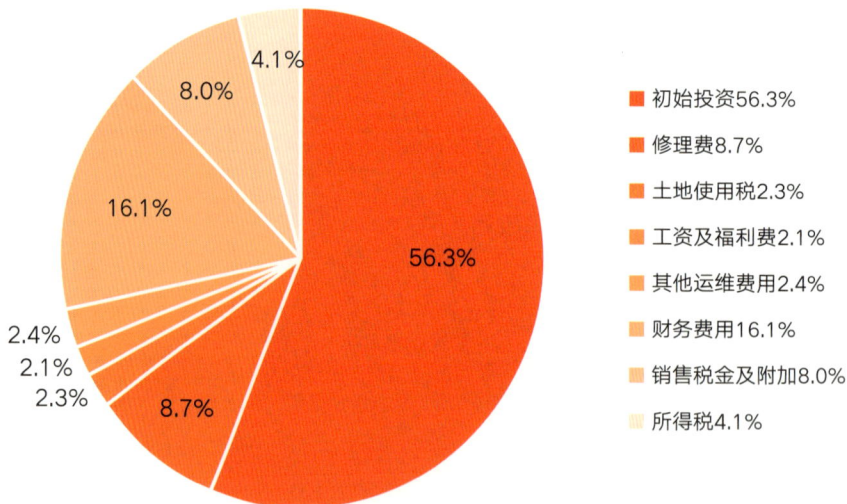

太阳能热发电电价构成图

（图例）
- 初始投资 56.3%
- 修理费 8.7%
- 土地使用税 2.3%
- 工资及福利费 2.1%
- 其他运维费用 2.4%
- 财务费用 16.1%
- 销售税金及附加 8.0%
- 所得税 4.1%

1. 初始投资

如上图所示，光热发电初始投资在电价中的占比相对较高，运行维护成本相对较小。另一方面，光热发电的初始投资还影响财务费用。因此，光热发电对投资成本的敏感性变化会更大，随着技术水平提高和产业规模化的发展，单位投资水平一直在逐年下降。光热电站初始投资成本主要包括镜场、吸热器、储热系统、常规热力循环系统等部件的费用，降低初始投资的成本可通过降低各部件的成本实现。

2. 系统效率

光热电站年发电量与系统效率及 DNI 等相关。提高系统效率可以降低光热项目单位电量成本，进而降低电价。提高光热发电系统效率主要在于提高系统集热效率和热机效率两个方面。

3. DNI

项目所在的 DNI 条件决定了可发电量，是决定上网电价的较敏感因素。经过测算，平均 DNI 每增加 100 千瓦时 /（平方米·年），上网电价能降低 4.5%。

4. 储热时长

采用较长的储热时间会导致发电量和投资额的增加，而对电价而言，发电量增加使可承受电价降低，投资额增加使可承受电价增加，单位电量成本最低是技术经济比选的最优方案。

5. 融资成本

融资成本主要是影响图中的财务费用。融资的费用不仅影响到项目建设期的建设期贷款利息，也影响到运行期的年偿还贷款额。

6. 税收影响

在风电、光伏发电的发展过程中，国家颁布了增值税实行即征即退 50%、免征关税和进口环节增值税、所得税减免等税收支持政策。希望国家能考虑到太阳能热发电行业前期发展的困难，参考执行相关优惠税收政策。

二、造价及电价趋势预测

未来国内的光热发电成本的下降空间很大，下降的来源包括新技术的应用、规模化效应的体现以及效率的提高三方面：①新技术的应用，以塔式技术为例，从饱和蒸汽技术到目前直接过热蒸汽技术的变革，从导热油到熔融盐传热 /储热介质的发展都使得发电效率提高、发电量增加；②规模化效应的体现，一方面光热电站建设所涉及的材料和设备进入规模化生产阶段后成本有着巨大的下降空间，另一方面单位投资成本会随着电站装机规模的增加而下降；③效率的提高，效率的提高主要来自于学习曲线，随着建成电站的增多，技术人员和工程总包商经验会逐渐丰富，他们会不断改进电站设备的运行效率并优化设计和施工方案。

1. 投资成本预测

太阳能热发电的投资影响因素较多，当地理位置、气候条件、系统设计等发生变化时，都会对初始投资成本产生影响。研究表明，太阳能系统的聚光系统、吸热系统、蒸汽发生系统和储热占总投资的 80%，决定了太阳能热发电厂的投资水平。经验表明，投资成本会随着电站规模的不断扩大而大幅下降。随着太阳能光热发电市场的兴起，规模超过 50 兆瓦 的电站将会大批涌现，从而设备材料的批量生产以及电站系统配置进一步优化会使投资成本大幅下降。

中国已经向世界证明，主要由于加工成本低，中国在清洁能源技术的应用步伐比世界其他国家都快，且成本更低。根据国家太阳能光热产业技术创新战略联盟编写的《中国太阳能热发电产业政策研究报告》，中国在各类不同发电技术上的成本优势各有不同，但总体上，传统的发电技术（如燃煤、燃气、核电）成本比欧洲低约 55%，可再生能源技术（光伏、水电、生物质、陆上风电）成本比欧洲低大约 40%。

根据风电、光伏等新能源在全国的发展经验，由于全国人工成本、建设成本较低，全国光热项目成本的下降速度将会快于国外的速度。确切地说，光热发电技术早期阶段的应用速度与规模有赖于"学习曲线"。将 2017 年单位投资 30000 元 /千瓦作为起始点进行预测的结果如下图所示。

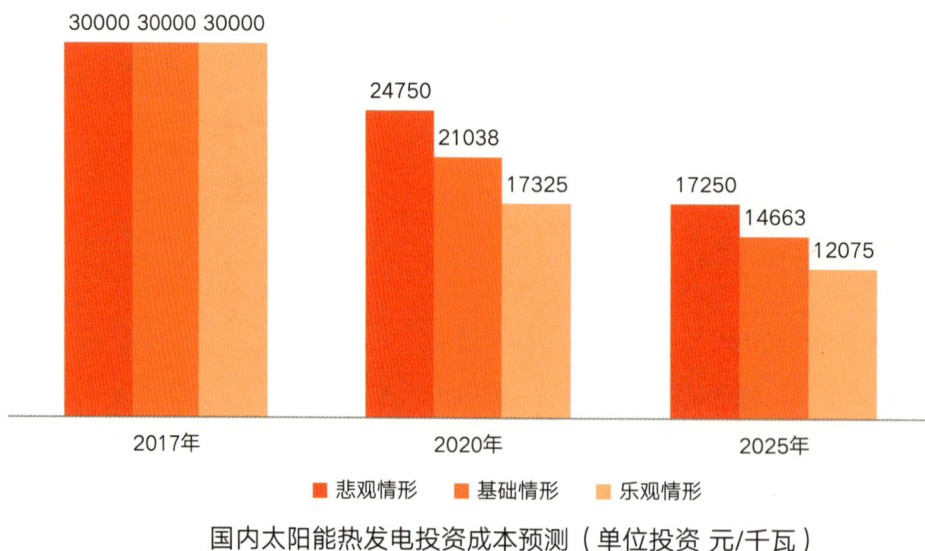

国内太阳能热发电投资成本预测（单位投资 元/千瓦）

■ 悲观情形　■ 基础情形　■ 乐观情形

在基础情形下，2020年中国的单位投资成本将会下降至21038元/千瓦，2025年将会下降到14663元/千瓦。在悲观情形下，2020年中国的单位投资成本将会下降至24750元/千瓦，2025年将会下降到17250元/千瓦。在乐观情形下，2020年中国的单位投资成本将会下降至17325元/千瓦，2025年将会下降到12075元/千瓦。

在基础情形中，到2025年中国光热发电的单位投资较国际可再生能源署（IRENADE）的预测（约3600美元/千瓦）降低40%左右，这与中国在其他可再生能源技术应用中实现的成本降幅一致。

2. 电价预测

以目前的光热发电示范项目标杆电价1.15元/千瓦时（含税）为基数，对国内的电价趋势进行预测，结果如下图所示。

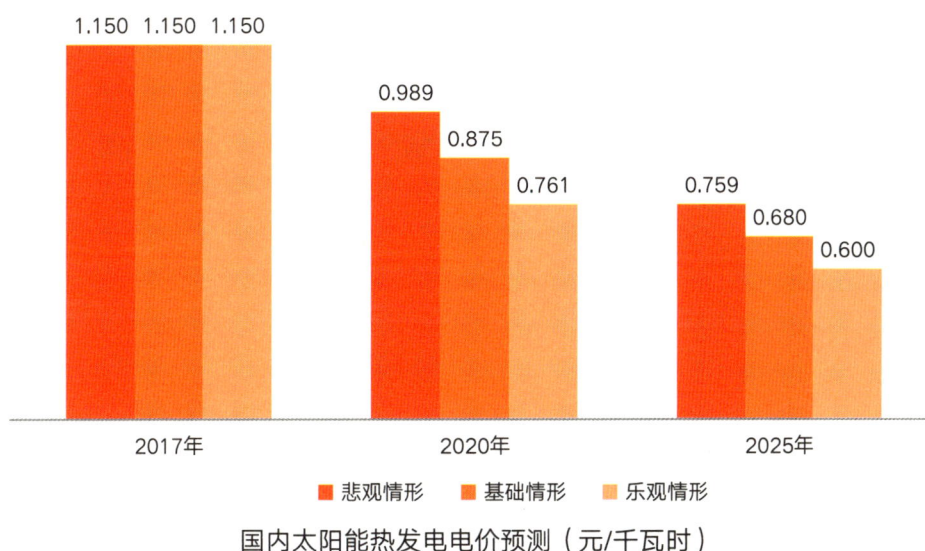

国内太阳能热发电电价预测（元/千瓦时）

在基础情形下，2020年中国的光热发电含税电价将会下降至0.875元/千瓦时，2025年将会下降到0.68元/千瓦时。在悲观情形下，2020年中国的光热发电含税电价将会下降至0.989元/千瓦时，2025年将会下降到0.759元/千瓦时。在乐观情形下，2020年中国的光热发电含税电价将会下降至0.761元/千瓦时，2025年将会下降到0.6元/千瓦时。🅳

电力现货市场环境下全国输配电定价机制初探

合理的输配电价是实现电力市场公平竞争的前提条件，同时也是全国电力体制改革当前阶段的关键课题。2015年，《中共中央　国务院关于进一步深化电力体制改革的若干意见》（中发〔2015〕9号）及其配套文件，要求建立独立的输配电价定价机制。

从理论分析及国外成熟电力市场实践来看，输配电价定价主要包括以下两个方面的内容：①电网企业总的准许收入的核定，即价格水平的核定，其目的在于厘清电网企业真实、合理的成本信息，并保证电网企业能够收回理性投资成本；②准许成本在不同输配电用户之间的分摊，即价格结构的核定，其目的在于通过输配电定价机制引导电力系统合理的规划和运行。

从理论分析及实践经验来看，价格水平与价格结构在价格机制设计上是相对独立的。由于准许收入的核定问题在世界范围内存在共性特征，各国成熟经验较多，不同国家经验间的可移植性较强，因此不再赘述；输配电价结构，尤其是输电定价结构则与市场复杂程度息息相关，并在各国实践中显现出明显的特性特征，需结合各国电力市场结构实际加以个性化设计。

在借鉴国外电力市场化国家成熟经验及理论研究的基础上，重点针对适合于全国的输配电价结构设计问题开展研究工作，以期为全国后续输配定价机制的设计提供可供参考的成熟建议。

输配电价结构设计可细分为三个问题：输电价格结构设计、配电价格结构设计以及输电、配电电压等级边界的划定。

一、输电价格结构设计

通过对成熟电力市场输电定价模式的梳理，综合理论研究的相关成果，可知：综合成本法、边际成本法和基于源流分析的方法是目前较为主流的三类输电成本分析方法。在各国的实践中，三种方法分别有对应的应用案例，基于邮票法的输配电定价方法（美国PJM模式）、基于兆瓦—公里概念的长期边际成本法（英国方法）以及基于源流分析的输配电定价方法（澳大利亚方法）。

结合国外实践来看，输电价格结构与电力市场，尤其是现货市场复杂程度是密切相关的，能量市场价格越简单，输电价格则越复杂，越需补齐能量市场缺失的价格信号，如英国、澳大利亚；反之亦然，如美国 PJM 市场。

以英国为例，英国电力市场设计较为简单，也更为接近普遍意义上的一般商品，物理性的双边交易及场内交易在市场中占比较大，这也使得在英国电力市场上，发电商与用电负荷签订双边协议时通常不考虑双方位置信息。换而之言，双方的地理位置信息在市场价格信号中是缺失的。为此，需要在输电定价制定中考虑这一问题，而这也是英国输电定价模式与 PJM 市场最根本的差别，PJM 市场由于现货市场价格较为复杂，采用节点边际电价可体现地理位置信息，因此其输电价格设计就相对简单。

英国	● 直流潮流（基态潮流与增量潮流） ● 按节点计算，分区定价 ● 能量市场价格：物理双边+不平衡

● 电气距离，短路电流计算 ● 按节点计算 ● 能量市场价格：金融双边+区分	澳大利亚

美国	● 邮票法计算 ● 分区定价 ● 能量市场价格：节点边际电价

主要电力市场化改革国家输电定价主要特点

考虑到全国当前电力现货市场建设的起步条件，即主要电力市场化改革集中于中长期周期，并以物理性双边交易为主的起步条件，与英国现有模式更为接近，建议选择带有地理位置信号的输电定价机制，在借鉴英国输电定价基础上，结合各省特点予以改良设计。

二、配电价格结构设计

配电价格结构在世界范围内较为统一，多数国家采用的是基于邮票法的综合成本定价法，价格结构简单。英国则较为特别，在配电价格结构设计中沿用了其输电定价思路，即采用边际成本法进行设计。

由于配电网对应的电压等级用户众多，且多为中小型电力用户，从避免复杂起步、降低改革对众多中小用户影响的角度出发，配电价格结构建议选择简单易行的邮票法。价格结构则可沿用现有配电结构特征，以行政区域为界、分电压等级核定。

三、输电、配电电压等级边界的划定

当前阶段，各省区电改实践中"隔墙供电"问题的争议性日益凸显，并已成为制约电力市场化改革进一步纵向推进的突出矛盾，而这一问题本质上是由输配电价结构不合理引发的。

从解决问题出现的源头出发，建议在输电、配电电压等级边界的划定中予以充分考虑，即以下述方式对输电、配电边界予以划定。

输、配边界电压等级 =max（A,B）

其中，A=110千伏；B=可涵盖 80% 以上大工业用户接网电压等级下限。采用这一划分方法，大多数大工业用户需支付的输配电价仅为带有地理位置信号的输电价格，而这将使得距离电源较近的工业用户支付的输电定价远低于距离电源较远的工业用户，这也从机制设计上削减了不同位置用户由于采用统一输电价格带来的不公平感，并可通过价格信号引导新增大型电力用户合理的选址布局。**D**

碳交易对中国火电发展的影响分析

近年来，全国推进碳减排、建立碳交易体系的步伐不断加快。2011年10月，国家发展改革委发布了《关于开展碳排放交易试点工作的通知》（发改办气候〔2011〕2601号），批准北京市、天津市、上海市、重庆市、广东省、湖北省、深圳市"两省五市"开展碳排放权交易试点工作。2013年6月至2014年6月，"两省五市"碳交易试点地区陆续上线交易。

2017年12月，在历经4年多的试点工作后，全国正式启动了碳排放权交易体系，建设全国碳排放权交易市场。能源产业是碳排放的主要来源，也是碳减排的重要主体，而在能源产业中，发电行业是最大的碳排放源，因此，碳交易市场体系建设初期首先纳入发电行业（含热电联产）。

尽管碳交易市场的实施细则仍不明朗，但火电作为发电行业中产生二氧化碳排放的最主要来源，在碳交易市场中受到的影响将最为显著，火电行业提早研判碳交易市场带来的潜在影响十分必要。

一、碳交易市场构成和制度

碳排放权交易是指交易主体开展的排放配额和国家核证自愿减排量（Chinese Certified Emission Reduction,CCER）的交易活动。《全国碳排放权交易市场建设方案（发电行业）》（发改气候规〔2017〕2191号）提出，全国碳市场建设将坚持先易后难、循序渐进的原则，在不影响经济平稳健康发展的前提下，分阶段、有步骤地推进碳市场建设，并逐步扩大参与碳市场的行业范围；同时要坚持统一标准、公平公开的原则，统一市场准入标准、配额分配方法和有关技术规范，建设全国统一的排放数据报送系统、注册登记系统、交易系统和结算系统等市场支撑体系。碳市场初期的交易产品仅纳入排放配额，条件具备后将进一步纳入CCER等产品。

碳市场初期的参与主体包括重点排放单位、监管机构和核查机构。其中，重点排放单位是指年度排放达到2.6万吨二氧化碳当量（综合能源消费量约1万吨标准煤）以上的企业或组织。按此标准，全国几乎所有的公用/自用煤电厂和气电厂均将作为重点排放单位被纳入碳市场。

碳市场的核心运行制度是：重点排放单位按规定及时报告碳排放数据，核查机构开展碳排放相关数据核查，并出具独立核查报告，重点排放单位和核查机构保证数据的真实性、准确性和完整性；各省级及计划单列市应对气候变化主管部门按照标准和办法向辖区内的重点排放单位分配配额；重点排放单位需按年向所在省级、计划单列市应对气候变化主管部门按实际排放清缴配额；重点排放单位富余配额可向市场出售，也可跨履约期转让、交易，不足部分需通过市场购买；省级及计划单列市应对气候变化主管部门负责监督清缴，对逾期或不足额清缴的重点排放单位依法依规予以处罚，并将相关信息纳入全国信用信息共享平台实施联合惩戒。

碳排放配额分配标准对碳市场的运行具有根本性的影响。发电行业配额分配标准将由国务院发展改革部门会同能源部门共同制定，目前尚未公布具体标准，但已基本确定采用基准线法进行免费分配，且基准线取值方案已形成初稿并在一定范围内开展了讨论。

发电行业采用基准线法免费分配碳排放配额时，采用每单位发电量的排放基准作为分配基准。表现劣于基准线的企业得不到足够的配额，需要购买额外配额；表现优于基准线的企业获得的配额比所需量更多，可以出售多余的配额。

基准线法具有引导企业应用先进技术或实施技改的作用，但对生产效率较低的产能将造成一定的经济负担。

二、碳交易对全国火电行业的影响分析

鉴于《全国碳排放权交易市场建设方案（发电行业）》（发改气候规〔2017〕2191号）提出全国碳市场的建设分三个阶段进行推进，且前两个阶段各耗时一年左右，因此，预计发电行业正式开展碳交易应在2020年前后，测算的时间基准均按2020年考虑。

火电行业碳交易影响受两个方面因素的影响，即：二氧化碳排放配额盈缺情况和二氧化碳排放权平均交易价格。根据碳交易试点地区的实际运行情况，二氧化碳排放权平均交易价格可暂按20元/吨二氧化碳考虑。以下重点研究火电行业的二氧化碳排放总量和配额盈缺情况。

到2020年，预计煤电装机总量达到11亿千瓦，假设发电设备年利用小时数为4000小时，则煤电发电量达到4.4万亿千瓦时；气电装机总量按1.1亿千瓦考虑，假设发电设备年利用小时数为3500小时，则气电发电量达到3850亿千瓦时。

根据有关规划，2020年全国煤电平均供电煤耗将达到310克/千瓦时。气电按平均供电效率54%考虑，则折合供电煤耗约228克/千瓦时。综合考虑厂用电率的因素，可以折算得到煤电二氧化碳排放总量约36.03亿吨，气电约1.55亿吨。因此，预计2020

年火电行业二氧化碳排放总量将达到约 37.6 亿吨。

火电企业碳排放配额的计算公式是：

碳排放配额 =国家行业基准 ×地方行业调整系数 ×企业当年电力和热力产品实际产量

具体测算时，全国火电行业的配额总量的准确数值需按电厂逐个核算并累加，每个电厂应按机组的容量、参数、煤种、冷却方式等具体情况选取基准线数值，结合预测的发电利用小时数进行测算，且热电厂还需分别核算发电配额和供热配额。鉴于全国火电机组容量和参数类型十分繁杂，冷却方式不一，供热机组多且供热量差异较大，煤种热值差异大，且各地的行业调整系数尚未明朗但预计各不相同，随着电改不断深入推进，不同机组的发电利用小时数的差异也存在较大的不确定性，因此，按照当前公开的火电行业二氧化碳排放配额基准线法分配方案进行配额测算存在极大的不确定性。

通过建立模型，对影响配额测算的因素进行规整、简化，可实现火电行业(含煤电和气电) 二氧化碳排放配额总量的相对可靠测算。

根据测算结果，全国煤电机组配额盈缺总量约 –6717万吨二氧化碳；按平均交易价格 20元 /吨二氧化碳考虑，则全国煤电机组因配额不足需在碳交易市场支出总计 13.43亿元，对应单位供电成本增加约 0.32元 /兆瓦时，成本增加占比约 0.11%。因此，碳交易对煤电有负面影响，但影响较小。

全国气电机组配额盈缺总量约 167万吨二氧化碳；按平均交易价格为 20元 /吨二氧化碳考虑，则全国气电机组因配额盈余可在碳交易市场获利总计约 3340万元，对应单位供电成本减少约 0.09元 /兆瓦时，成本下降占比约 0.01%。因此，碳交易对气电有正面影响，但可忽略不计。

需要指出的是，碳交易对煤电和气电存在负面或正面影响是整体分析的结论，具体对每一个电厂的影响则取决于机组碳排放水平与基准线的比较结果。

三、火电企业低碳发展建议

碳交易对火电企业，尤其是煤电企业的生产经营具有一定影响。尤其当碳交易市场供应偏紧时，配额不足的火电企业不但供电成本将上升，且将面临被迫减产的风险或其他处罚，严重影响生产经营。因此，火电企业有必要实施低碳发展，以获得市场竞争的优势地位，并在碳交易中减少支出或获取收益。

火电企业低碳发展路径总体上可以分为两种路径：主动碳减排和被动碳减排。主动碳减排路径是从源头上减少含碳化石能源的消耗量，具体包括现役机组节能改造技术、燃煤与生物质或光热耦合发电技术等；被动碳减排路径则是指消耗含碳化石能源后通过碳捕集技术减少烟气中的二氧化碳排放。

无论主动碳减排路径还是被动碳减排路径，在技术上均是可行的，且均比较成熟，但不同低碳发展技术路线在经济性上差异较大。通过对各种技术路线进行技术经济比较，并综合考虑多方面的因素后，建议中国火电企业按以下模式实施低碳发展：

（1）优先实行现役机组节能改造。该技术路线不依赖电价补贴政策，在获得节煤收益的同时，还能够实现碳减排。

（2）在生物质资源或光热资源适宜的地区，因地制宜地推进燃煤与生物质或光热耦合发电。该技术路线能够促进可再生能源的发展，且在当前实际执行的电价补贴政策下，碳减排不额外增加投资和运行成本。

（3）当碳交易价格高于碳捕集成本价格，或需实施大比例（如50%～90%）碳减排时，在地质封存技术的风险进一步降低后，可实施碳捕集技术路线。 **D**

智能变电站总体框架和发展趋势

一、智能变电站概念和目标

根据 GB/T 30155—2013《智能变电站技术导则》，智能变电站是采用可靠、经济、集成、节能、环保的设备和设计，以全站信息数字化、通信平台网络化、结构设计紧凑化、高压设备智能化和运行状态可视化等作为基本要求，能够支持电网实时在线分析和控制决策，进而提高整个电网运行可靠性及经济性的变电站。

智能变电站作为开放共享的运行单元，具有自治、友好、柔性、自适应、快速响应等特性，可以实现站内信息的全面感知，为电力系统运行、远方维护、信息管理提供全面支撑，是智能电网发展的重要枢纽点。由此，对智能变电站提出了全面感知变电站信息，全面支撑系统运行，全面支撑远方维护，全面支撑信息管理等功能要求。

全面感知变电站信息，既要获取变电站保护、测量、计量等信息，也要获取站内设备运行状态等信息，为变电站的安全稳定运行及站端高级应用提供信息分析基础。

全面支撑系统运行，需要智能变电站具备自动化保护、控制系统，可以协调、优化系统运行，并支持电网的自适应闭环运行控制和智能决策。

全面支撑远方维护，要求智能变电站支持电网智能预警、智能检修、故障处理等功能，提升电网运行维护水平，保障系统安全稳定运行。

全面支撑信息管理，要求智能变电站可以通过采集系统状态信息和设备运行信息以及信息共享，支持电网大数据平台建设，为电网的合理规划、设计提供支撑，也为实现全寿命周期管理提供支撑。

二、智能变电站发展历程与现状

国内智能变电站建设主要由国家电网公司推动，先后经历了智能变电站起步、新一代智能变电站试点建设，并在近期开展了第三代智能变电站的研究工作。中国南方电网公司也先期进行 3C 绿色变电站的试点工作。

1. 国家电网智能变电站发展历程

（1）第一阶段（智能变电站起步）。

国家电网公司 2009 年提出建设智能变电站，先后进行两次试点工作，并在此之后在网内推广建设，首批试点分别为 750千伏陕西洛川变电站、500千伏浙江兰溪变电站、220千伏青岛午山变电站等。第一代智能变电站以数据采集数字化、信息共享化、加强功能整合、提高设备集成度、减少装置配置数量为设计理念，对一次设备智能化、二次系统智能化、信息一体化平台、智能巡检、辅助系统以及包含顺序控制、智能开票、智能告警及分析决策、源端维护在内的高级应用等技术进行了试点推广工作。

第一代智能变电站采用"一次设备 +智能终端"的模式，实现一次设备智能化；采用"常规互感器 +合并单元"，实现数据采集数字化；为主变压器、避雷器配置传感器，实现在线监测；通过 SV网、GOOSE网、IEEE1588对时网共网传输，实现三网合一；采用 IEC61850规约，规约标准化组建过程层和站控层以太网，按"三层两网"模式实现二次设备网络化；远动按照类型分区，I/II/III区分别上传；建立一体化业务平台，运行高级应用和智能辅助控制系统。

2014年国家电网公司进一步提出了模块化智能变电站建设的要求，在 220千伏浙江袍南、110千伏镇江陵口等变电站进行试点。模块化智能变电站的设计强化了变电站工业化设施定位，注重实用高效，最大程度实现工厂内规模生产、集成调试、标准配送，现场机械化施工，工程设计、施工、安装、调试等各环节紧密衔接，实现建、构筑物工厂化预制、二次设备模块化组合。

（2）第二阶段（新一代智能变电站）。

2012年，国家电网公司提出建设新一代智能变电站，首先试点于 220千伏重庆大石、110千伏天津高新园等 6个变电站，随后选取了 220千伏株洲攸东、110千伏重庆银盆等 50个站点扩大示范。新一代智能变电站由智能设备和一体化业务系统组成，对内构成自我控制、保护和管理的自治系统，对外实现与智能电网协同互动，具备"集成化、智能化、即插即用、协同互动"等特征。

相比于第一代智能变电站，新一代智能变电站试点了多项新技术：采用智能一次设备，设备本体与智能组件一体化设计；以电子式互感器取代常规互感器，作为数字化采样单元；应用隔离断路器、充气式开关柜等设备，推进一次设备的集成化；为主变压器、断路器、避雷器等配置传感器，实现在线监测；选用预制舱组合二次设备，促进二次设备模块化；试点预制光电缆，推进"即插即用"技术；采用一体化测控，深度挖掘高级应用；试点层次化保护、多功能测控技术。此外，新一代智能变电站土建部分初步提出采用模块化装配式技术，少量试点工程采用集装箱建筑、装配式电缆沟、围墙及防火墙。

（3）第三阶段（第三代智能变电站）。

目前，国家电网公司正在组织研讨第三代智能变电站的建设方案，在充分调研变电站需求的基础上，从运维的角度出发，在二次设备、开关类设备、变压器类设备和其他辅助设备方面开展技术方案研究。同时，在就地化保护方面针对保护装置、网络跳闸可靠性和实时性等方面开展了大量的研究和实用化的工作。

2. 南方电网智能变电站发展历程

中国南方电网公司于2011年试点了3C绿色变电站建设，试点建设了220千伏珠海琴韵、220千伏贵阳赤马、500kV铜仁碧江等变电站。3C绿色变电站应用新技术、新设备、新材料和新工艺，将计算机、通信、控制等现代信息技术与传统电力技术有效结合，将智能、高效、可靠、绿色等理念融入到电网工程建设中，促进3C绿色电网的建设和发展。

3C绿色变电站应用电子式互感器，实现数字化采样；通过一次设备配置智能终端的方式，实现状态监测；站内构建数字化通信网络，并部署一体化电网运行智能系统（OS2），配置变电站运行驾驶舱、智能监视中心、智能控制中心、智能数据中心、智能管理中心、智能远动机、一体化测控装置、一体化运行记录分析装置，实现变电站实时自动控制、在线分析决策、状态检修、智能巡检等高级应用；土建部分考虑节地、节能、节水、节材与环境保护的要求，打造节能环保的绿色变电站。

三、智能变电站的关键技术和发展趋势

1. 模型、接口标准统一化

模型、接口标准统一化，是智能变电站建设和运行维护的基本要求。通过应用IEC61850协议，可以统一模型、接口标准，提高设备的互操作性，实现信息共享化，便于源端维护。

应用IEC61850协议，可以实现站内统一模型，信息共享标准化。IEC61850协议一方面采用抽象通信服务接口、特定通信服务映射等，统一接口标准，实现信息共享标准化；另一方面，采用面对对象的思想，面向设备建模和自我描述来适应功能扩展，对变电站系统统一建模，实现了不同厂商设备间的互操作，使智能变电站的建设和运行标准化、规范化。

模型、接口标准统一化是源端维护的基础，调度/集控系统可以直接导入和使用变电站端维护的数据模型。智能变电站具有统一的模型和接口标准，可以通过建立全景模型和基于WSOA的智能互动，实现主子站图、模共享，模型自动拼接，以及高级应用互动，做到变电站模块在电网上的即插即用。

目前，中国南方电网公司颁布了《智能远动机源端维护与订阅发布技术规范》，对

IEC61850协议进行了扩展，以支持远方调用和源端维护；国家电网公司开发了站端与调度端统一的全国自主规约和模型，并已经进行了互操作实验。

2. 信息采集

信息采集全面化、快速化、精准化、共享化是智能变电站的基础要求，需统一设计智能变电站网络，以实现满足保护、控制、计量、远方调度等各类需求，为实现智能预警、智能决策等高级应用提供基础。

（1）采集设备。

在设备层面上，信息采集存在着传统互感器配置合并单元与直接采用电子式互感器两种方式。

传统互感器配置合并单元，简单可靠，输出容量大，仍然是目前应用最多、最为稳定的信息采集方式。与之相比，电子式互感器具有良好的绝缘性能，体积小、重量轻、测量精度高，不存在磁饱和、铁磁谐振等问题，但在运行的可靠性、稳定性方面尚待提升。

（2）网络模式。

在网络模式上，主要的组网方式有点对点、星型网络、高速HSR环网等三种方式。

点对点模式即直采直跳模式，保护测控等二次装置通过光纤点对点直接采样，直接跳合闸。其优点在于传输途径只经过光纤，无须考虑合并单元的采样是否同步，避免网络传输延时抖动对保护的影响，可靠性高，但在数据共享、网络整合方面缺乏灵活性。点对点方式适用于对可靠性要求高或二次系统配置较简单的变电站。

星型网络是由各子交换机直接接入主干网交换机，利用网络信息共享的优势，简化了装置的硬件设计和光纤接线，但继电保护动作可靠性受网络可靠性的影响。星型网络更适用于规模较大、二次系统复杂的变电站。

高速HSR采用节点冗余技术，直接将网络集成在设备上形成环网，能够确保数据传输的可靠性和实时性，可满足变电站过程层网络的业务需求，且工程费用低，组网简单，在就地化保护等设备的通信应用上存在很好的应用前景。

总体而言，合并单元、电子式互感器等信息采集设备，是实现过程层数据共享化和信息化的基础，但在运行的可靠性、稳定性方面尚待提升，需要结合智能变电站信息采集与处理的需求，积累运行经验，进行技术迭代，促进成熟推广。

在不同的应用场景下，选取的数据采集和组网方式尚没有定论。国家电网公司主要采用点对点方式，直采直跳，而南方电网采用网络跳闸方式，网络采集由于网络延迟、对时的问题尚未得到推广应用。HSR环网适用于就地化保护等通信需求，具有私有性，对其他业务需求影响小。

3. 功能集成化

在智能变电站三层两网结构中二次设备按间隔独立配置，各装置相互独立，可靠性高，但设备配置重复，站内接线复杂，信息共享困难，缺乏系统功能和网络优化。随着计算机和通信技术发展，集成化已经成为了智能变电站发展的重要趋势。按照集成类型，可以分为纵向集成、横向集成等多种方式。

（1）纵向集成。

纵向集成是将智能变电站纵向业务功能集成、优化结构布局，在间隔内集成合并单元、智能终端、保护及测量业务功能，减少间隔内采样、通信、控制的中间环节，统一光纤出口，便于现场新建及改扩建即插即用，减少间隔纵向虚端子配置、提高保护速动及可靠性、优化变电站网络结构，减少横向耦合。

间隔层内的保护测控一体化是目前最为成熟的集成方案。通过集成间隔层控制保护设备，实现了保护装置和测控装置软硬件资源共享，减少了对外接口数量，提高了变电站运行监控的可靠性。

在低压侧也采用保护、测控、合并单元和智能终端一体化的技术，通过集成过程层信息采集设备与间隔层测控保护设备，进一步减少间隔内的横向耦合，提高保护速动性、可靠性。

（2）横向集成。

横向集成是按智能变电站横向业务功能，跨间隔集成保护、测控等间隔层功能，优化网络结构，共享站内信息，简化站内配置，提高系统可靠性。集成程度由低到高，可以分为面向功能的集成、面向电压等级的集成以及面向全站的集成。

面向功能的集成是按照功能将间隔层控制、保护等设备分别集成，汇聚站内同一功能的信息，分别实现跨间隔的保护、测控等功能。

面向电压等级的集成是间隔层按电压等级集成保护及测控等站控层功能，共享各间隔内相同电压等级的信息，完成对不同电压等级下跨间隔的保护、控制等功能。

面向全站的集成是对全站的保护、测控、安稳装置及安装调试进行全面优化整合，汇集全站信息，优化站内网络结构，实现全站功能集成，为智能变电站运维系统及高级应用提供平台支撑。

（3）远传功能集成。

智能变电站有多套自动化系统，各专业相互独立，在站控层的信息采集和上送也互不关联，数据不共享，模型不统一。远传功能集成可以有效避免这些问题，同时能简化维护，实现变电站基础数据，包括模型、图形的源端维护和全网共享。

中国南方电网公司采用的智能远动机，集成远动、在线监测、保信子站、电能采集处理等业务功能。智能远动机作为全站统一的出口系统，负责厂站与各级主站之间的通信和协调，有效促进信息融合，满足统一高效的数据采集、处理以及传输需求。

（4）后台功能集成。

一体化电源是把直流操作电源、电力用交流不间断电源、通信用直流变换电源组合为一体，共享直流操作电源的蓄电池组和监控装置，实现集中供电并统一监控的成套电源设备。通过状态在线监测和统一网络平台，实现集中供电和一体化监控管理，减少维护工作量，实现对交直流控制电源全参数透明化管理。

智能辅控系统整合优化图像监视、安防警卫、火灾报警、门禁系统、照明控制以及动力环境监控等功能，通过各辅助系统之间的统一联动，实现集中监控、综合管理、信息共享。

变电站功能集成化是智能变电站发展的重要趋势，依托设备、信息共享，能够实现统一高效的数据采集处理。在实际的工程实践中，也应根据条件和需求选择合适的集成模式，做到有的放矢，避免为了集成而集成。此外，功能集成化也为接口标准化、变电站模块化和即插即用等提供了有力支撑。

4. 设备智能化

一次设备智能化具有测量数字化、控制网络化、状态可视化、功能一体化和信息互动化等技术特征，由设备本体、集成于高压设备本体的传感器和智能组件组成，实现设备或其组件的智能控制、运行与控制状态的智能评估等智能化功能，是智能变电站的重要基础。智能化一次设备主要包括智能变压器、智能GIS、智能避雷器、智能无功设备及智能化低压开关柜等设备。

智能化一次设备采用标准的信息接口，结合状态监测、测控保护、信息通信等关键技术，支撑电网需求。

智能化一次设备通过在线监测技术，实时感知设备状态，分析判断一次设备的运行状态，为电网设备全寿命周期管理提供基础数据支撑，并根据分析结果进行自诊断，实现智能预警、报警功能，为设备运维提供辅助决策依据，在判定故障发生时能对设备进行故障定位、故障评估。

目前，一次设备智能化仍然采用一次设备配备传感器与智能组件的模式，难以达到较高的智能化水平。一次设备智能化配备标准信息接口和在线监测技术，为运维和全寿命周期管理提供依据。

5. 模块化装配式

智能变电站建设遵循标准化设计、工厂化加工、模块化建设的理念，合理进行功能分区，确定标准模块，工厂内完成调试，现场直接装配，以实现预制化生产，降低现场工作量，提高建设速度和建设质量。具体形式为：

进行电气主接线设计、电气总平面布置以及设备选择应用通用设计和通用设备，一次设备与二次设备、二次设备间接线标准化，采用预制光缆、预制电缆，实现即插即用。一次设备集成智能化功能，二次设备集成布置于预制舱，最大程度实现工厂内规模生产、集成调试、模块化配送，减少现场安装调试工作量；建、构筑物应用装配结构，结构件采用工厂预制，应用通用设备基础，按工业建筑实现标准化设计。现场机械化安装，减少现场湿作业，降低现场安全风险，实现环保施工，提高工程质量。

四、结语

经过多年的发展，国内智能变电站的建设取得了较大的成绩，但在工程实践中也反映出一定的问题，需要从多方面反思，做到从实际出发，充分发挥技术优势，促进现有技术迭代，推动智能变电站技术稳步发展。对于符合发展趋势的新技术，可以按照建设需求，有针对性地试点先行、分步实施、有序推进。 D